はじめてでもわかる！ 自治体職員のための 観光政策立案必携

羽田耕治 編著

第一法規

はじめに

　本書は、観光行政を初めて担当する自治体職員を主たる対象とし、観光政策・施策を企画、立案する際の「必携本」となることを目的としている。

　観光行政を初めて担当する場合、何から手を付ければよいか、自治体職員の多くが困惑する。その理由は、観光行政が他の行政分野と性格を異にする点が多いことである。例えば、根拠法令がほとんどないこと、関係するテーマが農林水産業やまちづくり・都市計画、さらには商業振興まで多岐にわたることが挙げられる。政策の影響が広範囲に及ぶことも関係している。さらに、域外より訪れる観光客による消費活動の促進が重要な政策課題となり、住民及び域内で生産・サービス業を営む事業者ばかりではなく（観光客として当該地域へ訪れてくれることを期待する）域外の居住者、そして誘客に関わる旅行会社等の域外の事業者までも対象に見据えた政策・施策対応が必要となることも大きい。

　したがって、「観光とは何か」「観光政策・観光行政とは何か」「観光産業の特性は何か」「市場の動向・特性はどうなっているのか」等の多岐にわたる理解が観光行政職員には求められる。そもそも行政が政策を企画・立案し、施策を講じる際、用語の意味を正しく理解し、使用することがその前提となる。しかし現状では、例えば、一つの政策の中に「〇〇観光」「〇〇ツーリズム」という表現が混在されて用いられることが少なくない。ここで「観光」と「ツーリズム」、それぞれ用語としてきちんと使い分けられているのか、甚だ疑問である。一例を挙げると、「着地型観光」という言葉が行政文書の中で使われるのを目にすることがあるが、観光行動には必ず発地と着地があるのだから、この言葉は意味不明である。使用している人間、それも行政の人間が何の疑問も持たず、こうした言葉を用いることに観光行政の危うさを感じる。こういうことは行政として政策・施策を企画・立案する際の極めて基本的な問題であ

る。用語の定義・意味が不明確な政策・施策などあり得ない。

　政策・施策の企画・立案に当たって根拠法令がほとんどないということについては、どのように対処すればよいのだろうか。ここでは地域の特性・条件を踏まえて「あるべき観光地域像」を描き、その実現に向け必要となる施策を検討し、定めることが不可欠であろう。そうした地域の観光振興に向けた羅針盤となるのが観光基本計画（観光振興計画）である。この観光基本計画も実際の策定作業は外部に委ねる自治体が少なくない。しかし外部に委ねるとしても、委託者の側が「観光基本計画とは何か」「観光基本計画において定めるべき事項は何か」をあらかじめきちんと理解し、受託者とのキャッチボールができるということでなければ、計画策定作業は「丸投げ」になろう。そうした「他人任せ」の計画では、そこに盛られた施策の実現はおぼつかない。

　観光行政が難しいのは、域外の居住者、旅行会社等の域外の観光事業者への働きかけをいかに効果的なものとするか、様々に検討して、具体的な施策として取り組まなければいけない点にある。観光客による地域での「魅力的な経験（体験）」を当該地域の「観光商品」として捉えれば、その商品をどんな人に、どのように売るかというマーケティングの知識が要求される。外部専門家の力を借りるとしても、観光資源条件や受入れ環境、立地条件等を踏まえた上で、どの市場・客層の誘致を図るべきか、論理的な思考が観光行政担当職員にも求められる。

　「魅力的な経験（体験）」という観光商品は、居住地周辺で購入することが可能な他の消費財・サービスとは異なり、消費者は目的地まで"わざわざ"出かけていかないと購入することができない。旅行目的地までの移動にはお金と時間を要するため、同じ価値の観光商品であっても消費者がどこに居住しているかによって購入価格と購入に伴う時間コストは変わってくる。したがって地域の側から見れば、消費者にとっての経済距離・時間距離をよく勘案して、売ろうとする観光商品の（地理的な意味での）市場を見定めないといけない。さらに、対象客層という点では、

その観光商品が、高齢者向けなのか子どもを含む家族客向けなのかによっても商品の味付けは異なってくる。

このため観光客の誘致を考えるに当たっては、（地理的な意味での）対象市場と対象客層を分けて、その上で両者を絡み合わせて、「どこの市場のどういう客層を対象とするのか」を考えなければいけないということである。

このような事柄は観光行政経験者でも正しく理解されているとはいい難い。そういう意味で、本書は観光行政を初めて担当する自治体職員向けとはいえ、観光行政の経験者であってもその「必読書」となるように内容を吟味、制作している。

また地域の観光振興政策は行政職員のみが企画・立案を担うものではない。いうまでもなく、地方議会議員の方々も重要な政策企画・立案者である。さらに観光振興施策実施に当たっては観光関連事業者の方々はもちろん、「観光地域づくり」「観光まちづくり」という言葉が一般的になっているように、農林漁業者・商工業者・NPOの方々も関係してくる。

観光振興のありようについては、誰しも自分の旅行経験から意見を述べ、提言することができる。しかし、それは個人的な経験の域を出ない。政策として昇華させ、具体的な施策まで落とし込んでいくためには、地域の観光振興に際して踏まえるべき原理・原則があり、同時に実践に関わる専門的な知識・技法も必要である。本書はこうした認識に基づき制作しているので、議会議員の方々をはじめ、地域の観光振興に関わる多様な主体をなす方々にも観光振興事業のありようについて改めて理解する拠り所として本書を活用していただきたい。

2020年2月　執筆者を代表して

編著者　羽　田　耕　治

もくじ

はじめに
本書の構成

基礎理解編

第1章　ホスピタリティ、そして観光という言葉

第2章　観光立国と地域の観光振興政策

第3章　国民の観光の動きを知る

第4章　訪日外国人旅行者の動きを知る

第5章　観光産業のプレイヤー達

実践編

第6章　地域の観光魅力を発掘して、磨くには

第7章　今や必須の観光地マーケティング

第8章　外国人旅行者の受け入れ方と誘致方策を再考する

第9章　地域の観光振興を担う組織、そして財源確保

第10章　観光計画のつくり方と外部専門家の生かし方

執筆者一覧

本書の構成

　本書は前半の第1章から第5章をいわば「基礎理解編」、そして第6章から第10章までの後半を「実践編」として位置付けている。

　第1章は、観光に関わる基本的な用語について解説した。ホスピタリティ、観光といった言葉は日常で使われているからこそ、観光学における定義、その背景にある語源や考え方を理解されたい。

　第2章では、我が国が観光立国を謳うに至った流れと地域の観光振興政策・施策について詳説している。ここでは特に「観光はまちづくりの総仕上げ」といわれる意味について理解していただきたい。

　第3章は国民の観光市場の動向と今後の展望について説明している。観光市場の変化は速いが、それだけにその底流をしっかりと把握することが大切である。特にSDGsの実現という観点から、「観光を持続可能なものにするのみならず、持続可能な社会に向けて社会課題を解決する観光が求められてくる」という指摘に留意してほしい。

　第4章は、インバウンド、訪日外国人客の動向について詳説している。インバウンドの動向はとかく外国人旅行者の消費に伴う経済的効果に政策的関心が行きがちであるが、同時に地域にもたらす社会的効果に視野を広げることが大切である。これは地域における「外国人との多文化共生」促進政策とも共通する課題である。そうした観点も交えて第4章を読んでいただきたい。

　第5章は、「観光産業のプレイヤー達」とタイトルをつけた。観光産業には各業種に共通する事業特性がある。そうした点に関わる基礎的な理解を得てほしい。加えて観光産業と一口にいってもプレイヤーの立ち位置やプレースタイルは異なる。主要なプレイヤーである宿泊業、旅行業、交通運輸業を取り上げてそれぞれの事業特性や今後の事業課題を詳説しているので、政策対象としての観光産業に対する理解を深めていただきたい。

　第6章では、魅力的な観光資源を発掘して、磨く際の基本的な考え方と実践方策について説明している。ただし、例えば、観光資源と観光対象、観光ルートと観光コースのように、それぞれの用語を正しく理解しないままに観光振興施策を展開している例が非常に多い。したがって、第6章では「観光魅力の発掘と活用」に関わる基礎的な用語を整理した上で、先に述べた「売ろうとする観光商品の（地理的な意味での）市場の見定め」、すなわち観光対象の評価と誘致圏（誘客可能な市場範囲）の問題について説明している。そして、観光資源を磨き上げ、観光対象としてより魅力あるものにするための様々な実践的方策を紹介している。

　第7章では、観光地マーケティングの考え方と実際のマーケティング方策、情報発信方策等について詳説している。きめ細かなマーケット・セグメンテーションの方法、旅行者による一連の観光行動の段階に応じた効果的な観光情報の発信方策、SNSの活用と対応、そして地域への観光誘客プロモーションにおいて影響力を持つ旅行関連メディアや旅行会社との「付き合い方」までもノウハウとして紹介しているので実践に生かしてほしい。

　第8章は、外国人旅行者の受け入れ方と誘致方策について提示している。外国人旅行者の誘致に当たっては、旅行者の国籍・地域ごとの旅行ニーズの相違を把握し、取り組む必要がある。さらに外国人旅行者が旅行中に困ることが多いコミュニケーションや表示関係の問題について、異文化コミュニケーションの視点から具体例を挙げて対応方策を説明している。また、インバウンドの振興に関しては「MICE」、とりわけ地方圏の場合には「M」（企業ミーティング）と「Ｉ」（インセンティブ・トラベル）の誘致が重要な意味を持つ。その誘致に効果的なユニークベニューの開発についても第8章で言及しているので、今後のインバウンド振興に生かしていただきたい。

　第9章では、地域の観光振興を担う組織のありようと観光政策・施策の実施に伴って必要とされる財源確保の方策について説明している。観

光客の誘致に向けた宣伝やＰＲ活動を担っている観光協会の組織基盤は概して脆弱である。そこで国土交通省観光庁は「日本版DMO登録制度」を創設した。しかしそうした取組みを担う組織を安定的に運営していくためには、新たな財源が必要である。第9章ではそうした地域の観光振興を担う組織とその財源確保に向けた考え方について各地の取組み事例とともに詳しく紹介している。

　第10章は、「観光計画のつくり方と外部専門家の生かし方」について説明している。観光地のあり方を考える際の根幹となる観光基本計画のつくり方を体系的に紹介しているので、大いに活用できるはずである。また観光基本計画の策定や観光地マーケティングの推進に当たって協力を求めることが多い外部専門家・コンサルタントの選び方と生かし方についても解説した。専門家との協働は観光政策の成否に関わるだけに、その選び方、活用に関する方策の理解は重要である。ここの説明は類例を見ないものと自負している。

　本書で各執筆者が述べている観光振興の基礎と実践方策をよく理解し、観光政策・施策の企画・立案、そして観光をとおした地域振興に取り組んでいただきたい。

基礎理解編

第1章

ホスピタリティ、そして観光という言葉

· ·

観光による地域振興を考える際には、観光ビジネスの特性を理解しなければならないことはいうまでもない。観光はサービスを提供するビジネスであり、そこで要求されるホスピタリティのあり方と、そのマネジメントは重要である。人の気持ちや行為に関わる言葉として一般に使用されているホスピタリティであるが、ビジネスの領域では、その内容・質・価値をマネジメントしなければならない。

観光という言葉については、例えばレクリエーションの一部であるとか、両者は違うものであるとかなど、様々な捉え方がある。昨今では、「ツーリズム」と置き換えて使用されることも多い。また、「観光事業」についても様々な考え方がある。

第1章ではこうした「ホスピタリティ」及び「観光」という言葉について、その由来や言葉の使われ方について、類似語や関連語と併せて説明する。

1 ホスピタリティとは

（1）ホスピタリティの理解へ向けて

　我が国では、1964年より観光の概況や政策・施策等が「観光白書」としてまとめられている。「平成元年版 観光白書」を見ると、以下のような文脈の中でホスピタリティという言葉が用いられている。

> 　我が国を訪れた外国人旅行者が、我が国をよりよく理解できるようにするためには、旅行者が主体的に日本の姿を見聞きし、日本人とのふれあいの機会を持つこと等により、日本の姿を多面的に認識することのできる環境を整えることが重要である。
>
> 　そのため、情報提供体制を充実させ、外国人が国内を旅行する際の最大の障害である言語障壁の問題を緩和し、外国人が独り歩きできる環境を創出するとともに、外国人旅行者が日本人と触れ合うことのできる、ホスピタリティー（ママ）を整えた観光地を作ることが大きな課題となっている。

　当時は日本人が海外へ旅行する、いわゆるアウトバウンドが増加していたが、その反面、訪日外国人旅行者数が少なかったため、インバウンド、アウトバウンドともに振興するべく、施策が図られていた。このような背景のもと、1989年以前より、外国人旅行者に対する接遇の向上を掲げ、「外国人旅行者向け情報提供体制の整備」「ホーム・ビジット、日本文化等体験制度の促進」「グッドウィル・ガイド制度の整備」が行われていた。そのような状況下、上記に見られるように「ホスピタリティ」という考え方が国の政策課題として書き記された。現在では各自治体が策定する観光基本計画にもホスピタリティの提供・醸成の必要性が謳われている。

　2006年度に実施された「訪日外客実態調査」（独立行政法人国際観光振興機構（JNTO））によると、訪日外国人の日本に対する否定的なイメージは、「物価が高い」に次いで、「言語障壁」があり、また、わずかでは

あるが「食事が合わない／不味い」「交通機関が不便」「日本の人々が不親切」が挙げられている。「食事が合わない」「日本の人々が不親切」というイメージの要因として、「コミュニケーション力の低さ」により個々の従業員がホスピタリティ精神を表現できていないという問題がある。

　さらに、2018年度に行われた「訪日外国人旅行者の国内における受入環境整備に関するアンケート」（国土交通省観光庁（以下、「観光庁」という））結果においても、「施設等のスタッフとのコミュニケーションがとれない」が、旅行中に困ったことの第1位となっている。ホスピタリティの気持ちや行為を相手にいかに伝えるかということを含めて、ホスピタリティの実践が重要であることを示している。

　ホスピタリティの実践は、外国人観光客のみを対象とするものではなく、すべての人が気持ちよく快適に旅行するためにも必要なものである。円滑な旅行環境の整備に向けて、少子高齢化がますます進む我が国においては、高齢者が安心して旅行を楽しめること、子連れ旅行がしやすいことなど、すべての人が旅行を楽しめる環境をつくるべく、歩道の拡幅・整備、段差・傾斜・勾配の改善等が行われている。さらに、視覚障害者誘導用ブロックの整備、車椅子利用者優先である多機能トイレの正しい利用へ向けた啓発、駅・空港などの交通運輸機関のターミナルや車両のバリアフリー化も進められている。このような取組みは、ハード面だけの問題ではなく、人と人の相互行為（インターアクション）、いわゆるハート面のホスピタリティの理解と実践がなければ、ただの箱・機械にすぎないものとなる。老若男女、障害の有無、国籍、文化、信仰等に関係なく、すべての人に観光を楽しんでもらい、実りある豊かな人生を享受してもらうためには、ホスピタリティを正しく理解することが必要である。観光をとおした地域振興を考える際には、後に紹介する英語のhospitalityと日本語のホスピタリティの相違点をも理解した上で、施策、取組みなどを検討することが肝要である。

（2）ホスピタリティの捉え方

　ホスピタリティという概念は、古くは聖書に表れている。旅人にパンと水を提供し足を洗わせる行為、一晩の宿の提供などを重要なこととする記載が複数見られる。さらに、古代ギリシャ・ローマの時代においては、旅人との関わりが文学作品に描かれている。例えば、『オデュッセイア』では、食事、饗応、歌や踊りによる歓待が描かれている。

　さらにヨーロッパで巡礼や十字軍の聖地遠征が始まると、巡礼者や兵士に対する宿の提供、場合によっては看護・医療行為が行われ、これらもホスピタリティの概念に近いものといわれている。

　こうしたホスピタリティの語源は、古ラテン語のホスティスとラテン語のポティスからつくられたホスペスであるといわれている。客人の保護者という意味であり、これから「歓待する、手厚い」という意の形容詞ホスピタリスとなった。このホスピタリスの派生語が、ホスピタル（hospital）、ホテル（hotel）、ホスト（host）などである。ホスピタリティは、このホスピタリスから発展したものと考えられており、このように語源から考えれば「客を歓待する」という意であったものと思われる。このようにホスピタリティという言葉には、精神性を重視するものと、それに基づいた行動を重視するものがある。

　これらをまとめると、ホスピタリティとは、他者を温かく受け入れる精神と、その精神に基づく行為であると同時に、相互行為によって生じる双方の関係性の創出であるといえるだろう。

Column

ホスピタリティとおもてなし

　「おもてなし」という言葉が、2020東京オリンピック・パラリンピック誘致において脚光を浴びた。「もてなし」とは、「なす（する、扱うの意）」に接頭語の「もて」がついたものであり、本来「とりなす、処置する」という意味であった。和語であることにより日本独自の文化と結びつけられやすく、茶道、とりわけ「利休七則」の「相客に心せよ」と関連づけられることが多い。しかしながら、茶道は「道」であり、日本人の美意識や道徳

倫理を内包した人間関係の修業である。茶道の「もてなし」は、その一手段であり過程でもある。ありとあらゆる場面に臨機応変な対応ができ、一期一会を感じることこそが茶道のおもてなしの醍醐味であるともいえる。このように考えると、饗応、歓待といった、いわゆる「おもてなし」と茶道のそれとは異なる。

　一方、ホスピタリティとおもてなしの差異を考えると、授受者間の関係性を創出するという点においては茶道のおもてなしとホスピタリティは共通点があるといえる。しかしながら、饗応、歓待という意味での「おもてなし」は、日本流の接遇の一つであり、これらを同一視することは難しいと思われる。

　旅館での布団敷きサービスや女将等による客室への挨拶回りなど、日本人が「おもてなし」と通常受け止めていることを「過剰なお節介」と感じる人がいることも踏まえていうなら、「おもてなし」が「お節介」にならないように考えることも必要である。

（3）ホスピタリティ産業とホスピタリティのマネジメント

①　ホスピタリティ産業の領域

　前述したホスピタリティという言葉の由来により、「ホスピタリティ産業」の範囲も多様である。広義においては「何らかの人的対応やホスピタリティ精神を必要とする産業」という解釈ができ、その場合、観光はもちろん、教育・医療等を含む場合もある。

　一方、狭義においては、宿泊・料飲・旅行・交通運輸・余暇関連産業等、「直接的なホスピタリティ・サービスの提供でもって対価を得る産業」という解釈ができる。

②　ホスピタリティあるサービスの提供

　狭義の「ホスピタリティ産業」は、そこで働く人々の接客サービスの質、ホスピタリティあふれるサービスが商品力の「決め手」となる産業である。ホテルなどの宿泊施設は「生活文化のショーケース」ともいわれ、その国（地域）の生活文化を体験することで観光客の満足感が向上する。さらに顧客の満足度を高めるためには、建物の外観・インテリア

などにその地域の住文化の色を添える、食材・調理方法・什器等にその地域の食文化を反映させることなども、体験に付加価値を与える。またテーマパークでは、エンターテイナーによる様々なショーやアトラクションが人々を感動させる。土産品店では、郷土の特産品の由来や使い方などを正しく、そして楽しく説明して買う気にさせる販売員の存在が重要である。

　さらには、地域の特徴を表現したり、地域の歴史や自然を楽しく案内（ガイド）したりすることが高い付加価値を持つ。このため、旅行者ニーズの変化とも相まって宿泊施設、料飲施設、土産品店等での従来の接客サービスに加えて、地域をガイドする「エコツアーガイド、自然体験ガイド、歴史文化ガイド」等が重要となってきている。

　標準語の挨拶よりも方言のそれの方が旅に情緒を添えられる。郷土の歴史や自然、伝統的な生活文化等の説明があると、旅行者はより深くその地域を知ることができ、観光活動の満足度が高まる。観光地のホスピタリティは、単なる「もてなし」ではなく、「発見の喜び、旅の情緒を得られるよう誘導（ガイド）すること」であるといえよう。

③　ホスピタリティのマネジメント

　ホスピタリティ・サービスの提供でもって対価を得ることをビジネスとするホスピタリティ産業においては、いわば『商品』としてのホスピタリティ・サービスの内容・質・価値のマネジメントが必須である。

　ホスピタリティ・サービスが発揮される場面は当然のことながら顧客へのサービス提供時であるため、その行為であるサービスの特性についてまず理解しなければならない。

　サービスは固定的なものと応用的なものとに大別できる。前者は、事前に顧客のニーズを把握し、サービス内容を構築し、所定のコンセプトの下にパッケージ化することが可能である。その上で、事前に従業員教育を行うことで、一定の質のサービスを提供することができ、一定の顧客満足を確保できる確度は高い。その反面、サービスが固定されている

がため、一人ひとりの顧客の価値観、その時の顧客の気分などには対応できない。

そこで、個々の従業員が顧客と接し、その場・環境において展開される相互作用をとおして個々の顧客のニーズ・気分を推量分析し、対応することが重要となってくる。これが後者である。

応用的なサービスは固定的サービスと比べ、「個別現場対応」を要するため不確実性が伴う。その反面、顧客の期待を大きく上回るサービスとなる可能性もある。こうした、顧客の期待あるいは予測を大きく上回るサービス、顧客の情緒に響くサービスが提供されたときに、それは顧客の「心に残る体験」となり、その結果としての「感動」が価値（支払うに足る十分な対価）として認識される。

このように顧客とのコミュニケーションを通じて、そのニーズを把握し、顧客との関係性の中で、『商品』としてのホスピタリティ・サービスの内容・質・価値をマネジメントすることこそがホスピタリティ・マネジメントである。

さらにホスピタリティの問題と顧客との関係性は不可分のものであることから、ホスピタリティ・マネジメントのありようは「時間軸」で捉えることも必要である。すなわち一定時間の継続的な接触があると、顧客と従業員の心理的距離は近づくため、双方にとって相手は「なじみ」となる。そのため、スルーサービス（例えば、旅館で1人の従業員がチェックインからチェックアウトまで通して対応するサービス）が効果的であるといわれる。また、滞在期間が延びればそれだけより多く接触できるため、長期滞在客にはホスピタリティをより発揮しやすくなる。したがってホテルのようにリレーサービスが主となる業態、また短期滞在客の場合などでは、顧客との接触時間を増やしたり、心理的距離を近くしたりするための行動が有効である。例えば、挨拶、声掛けなどの行動はその第一歩であろう。

さらに、顧客との接触時間の長短を問わず、顧客を「楽しませる、リ

ラックスさせる」ための行動、態度、言葉遣いなどの総合的な演出、演技もホスピタリティの表現方法であり、その具現化を図ることもホスピタリティ・マネジメントといえる。

　こうしたことと同時に、顧客とのコミュニケーションを通じて、顧客との関係性の中で、『商品』としてのホスピタリティ・サービスの価値を高めていくことができる従業員を育てること、そうした従業員が育ち成長していくことができる組織としていくべく組織運営をすること、ひいては組織としてのホスピタリティがいかに発揮できるかということも重要なホスピタリティ・マネジメントである。

【注】
ホスピタリティ産業、特に宿泊業におけるマネジメントに関しては、「第5章2　宿泊産業の特性」を参照されたい。

【参考文献】
観光庁「観光白書」
公益財団法人日本交通公社『旅行年報2018』（2018年）
山口一美『感動経験を創る！　ホスピタリティ・マネジメント』（創成社、2015年）
徳江順一郎『ホスピタリティ・マネジメント（第2版）』（同文舘出版、2018年）
独立行政法人国際観光振興機構（JNTO）「JNTO訪日外客実態調査2006-2007〈満足度調査編〉調査結果概要」（平成20年2月8日）（https://www.jnto.go.jp/jpn/downloads/080208_manzokudo.pdf）

2 観光とは

（1）「観光」及び「Tourism」の捉え方
　「観光」という言葉の語源は、古代中国の『易経』にある「観国之光」（その地域の優れたもの、誇れるものを見る）にあるとされ、明治時代になって「Tourism」という外来語に対応する言葉として使われ広がってきたが、現在、その捉え方には様々な考え方がある。法律用語としても明確に定義されているわけではない。一般的に、法律が制定される場合は

用語の定義がなされることが多いが、1963年に公布された「観光基本法」
や、それを改正した「観光立国推進基本法」（2006年）では「観光」と
いう言葉の意味は定義されていない。

　政府関係機関における「観光」の定義については、観光政策審議会が
答申の中で、これまでに2回行っている。最初の定義は、「観光とは、
自己の自由時間（＝余暇時間）の中で、鑑賞、知識、体験、活動、休養、
参加、精神の鼓舞等、生活の変化を求める人間の基本的欲求を充足せん
とするための行為（＝レクリエーション）のうちで、日常生活圏を離れ
て異なった自然、文化等の環境のもとで行おうとする一連の行動をい
う」（1969年）、2回目は「余暇時間の中で、日常生活圏を離れて行う様々
な活動であって、触れ合い、学び、遊ぶということを目的とするもの」
（1995年）というものである。

　また、「Tourism」という言葉は、ラテン語の「Tornus」（「旋盤」や「ろ
くろ」の意味）から発した「tour」（巡回旅行）という言葉に、「主義、学
説」などを表わす「-ism」をつけたものとされている。この言葉も様々
な捉え方がされているが、「Tourism」の定義としてよく知られている
ものは、国連世界観光機関（UNWTO）の「Tourismとは、1年を超え
ない期間、訪問先で報酬を得ることを除いたレジャーやビジネス及びそ
のほかの目的で、日常生活圏以外の場所に旅行したり滞在する人々の活
動として定義される」（2000年）や、「TourismはTravelよりも限定され
た特定のタイプの旅行を指す。訪問先で雇用されること以外のことを主
な目的として、日常生活圏外に1年未満の期間で出かける旅行のことで
ある」（2008年）というものである。この二つの定義の共通点は「日常
生活圏を1年未満離れる」ことと、「訪問地で収入を得る活動をしない
こと」の2点であり、目的をレクリエーションや余暇活動には限定して
いない。なお、これらの定義はいずれも「Tourism Satellite Account:
Recommended Methodological Framework（ツーリズム部門会計：推薦で
きる方法論の枠組み）」として提案されていることに注意する必要がある。

　同じUNWTOが1999年のチリ・サンティアゴの総会で採択した「世界観光倫理憲章」では、「1　観光（Tourism）は、休暇やリラクゼーション、スポーツそして文化や自然との触れ合いと最もよく関連づけられる活動であり、個人や集団的な充足感を得るための恵まれた手段として、計画され、実施されるべきである。十分に柔軟性のある開かれた考え方で実施されることにより、観光は自己啓発、相互に対する寛容を実現するためのかけがえのない要素となるとともに、民族や文化の違いやその多様性に関して学ぶための必要不可欠な要素になる。（中略）4　宗教、健康、教育、文化または言語を学ぶための交流を目的とする観光は、特に観光の有益な形態であり、奨励されるべきである」（第2条）とされている。

　このほかにも、観光は「美しい景色や名所・旧跡（珍しいもの）を見る」という活動（英語ではsight-seeing）を指して使われることも多い。

　観光研究の専門家の間にも、観光やTourismに統一した定義はないが、観光研究者の国際的な団体である国際観光専門家会議Association internationale d'experts scientifiquesは、「ツーリズムとは、非居住者が、永住することにつながるのではなく、またいかなる営利行為にも関係しない限りにおいて、彼らの旅行と滞在から生ずる諸現象と諸関係の総体である」と定義している（『改訂新版　世界大百科事典6』（平凡社、2007年））。この定義は、旅行者に対応した事業活動も含まれるという捉え方といえる。なお、「観」には「しめす」という意味もあるとされており、この意味で使うとすれば、「観光」にも旅行者に対応した事業活動が含まれるといえる。

　日本における「観光」の定義としてよく知られているものは、1967年に国際連合が定めた「国際観光年」に関わる記念誌の『観光と観光事業』にもある、井上萬壽蔵の「観光とは人が日常生活圏を離れ、再び戻る予定で、レクリエーションを求めて移動すること」である。

　このように、観光やTourismという言葉は、様々な意味で使われており、それらを整理すると、大きくは次の四つに分けることができる。

(a)狭義の観光：「見る」ことを中心とした観光行動、すなわち、スポーツやレクリエーションと対比させた場合の捉え方。

(b)広義の観光：居住地以外での余暇活動としてのスポーツやレクリエーション活動、楽しみとしての交流活動を含めた観光行動。「楽しみを目的とした旅行」であり、「観光・レクリエーション」や「観光レクリエーション」といわれることもある。

(c)狭義としての Tourism（ツーリズム）：(b)に出張や帰省などを含めた旅行（UNWTO の定義に基づく捉え方）。なお、日本では、「兼観光」という言葉がある。兼観光とは、家事・帰省や出張などを兼ねた観光旅行のことである。

(d)最広義の観光・Tourism：観光事業など、観光行動に関わるすべての事象を含めた捉え方。

　実務的な立場から考えると、観光や Tourism には様々な捉え方があることを踏まえた上で、それがどのような場面で使われているかによって意味を捉えることが重要といえよう。

（2）「楽しみのための旅行」と「楽しみ方」の変化

　観光は、最も一般的には「楽しみのための旅行」（(b) 広義の観光）として捉えることができよう。観光による地域の活性化を検討する場合も、楽しみを求める旅行者の誘致が中心といえる。この場合、楽しみのための旅行は余暇活動（レジャー）の一環である。

　「レジャー（Leisure）」あるいは「余暇」は、時間の概念や活動の概念として使われている。時間の概念としては、1 日（24時間）の生活時間から、生活必須時間（睡眠、食事などの時間）と、社会生活時間（仕事や学業）を差し引いた時間をいう。また、活動の概念としては、余暇時間における活動の総称であり、レクリエーションや観光を含むものとして使われている。現在、日本では、時間概念としては「自由時間」という言葉が多く使われるようになっているが、欧米の文献では「Leisure」

を時間の概念として説明しているものもあり、活動の概念としては「レクリエーション（Recreation）」が使われている。

「レクリエーション」は、一般に、仕事などの拘束で疲れた心身を、娯楽・スポーツなどによって回復すること、及び、そのために行われる諸活動の総称をいうが、様々な定義や説明がなされている。それらには、「自由時間を利用して行われる活動であること」「健康の増進に貢献する活動であること」「規律やマナーの修得など、社会生活に好ましい影響を与える活動であること」の三つが共通しているといわれている。

観光とレクリエーションとの関係については、①観光とレクリエーションを区別することは難しいという意見、②観光はレクリエーションの一部であるという意見、③両者には共通する部分とそうではない部分があるという意見がある。

①は、欧米の観光学文献に多い考え方とされる。②は、先に見た観光政策審議会や井上の観光の定義にあるように、活動の内容は同じだが、それが行われる場が異なるという考え方である。③は、「レクリエーションは肉体・精神の回復に、観光は精神の発展にある」と捉える考え方に基づいている。現状では旅行者の立場からは観光とレクリエーションを厳密に区別する必要性は弱くなっているといえる。

ただし、資源保護の面や旅行者誘致の面からは、観光とレクリエーションは厳密に区別する必要がある。両者を混同すると、行き先に代替性のある（つまり求める活動ができることが第1に来て、行き先の選択は第2段階に来る、いい換えれば、まず目的とする活動があり、スキー場の雪質のような資源性の優劣の影響はあるものの、行き先は二の次となることの多い）レクリエーション活動のために、唯一無二の存在である観光資源を破壊してしまったり、行き先に代替性があるためそれほど遠距離には旅行しないレクリエーション目的の旅行者の誘致を遠距離に位置する市場に期待するという過ちを犯したりするおそれがある。

いずれにしても、レクリエーションを含めた観光は「楽しみのための

旅行」として捉えられることが多いが、旅行先での楽しみのための活動（楽しみ方）には、いろいろなものがあり、しかもそれが拡大し、多様化している。

　かつては、旅行へ行くこと自体が楽しみだった。例えば、海外旅行が一般的ではなかった時代には、外国に行ったということだけで満足できたし、映画で見た景色を実際に見ることができれば満足感が高まった。しかし、その後、美しい景色や名所・旧跡を訪れるだけではなく、「パリでパリジャンのように暮らす体験がしたい」といった欲求が生まれる。すなわち、観光地で体験したい活動は、かつてのような美しい景色や名所・旧跡を見ることだけではなく、そこで何を体験するかによって満足感に違いが出てくる。

　近年、新しい観光スタイルとして体験型観光が注目されている。体験型観光というと、単に農業体験や工芸品づくり、食品づくりなどを観光客に体験してもらうことと捉えられることもあるが、観光客はそうした体験活動に「より満足感を高める楽しさ」や「自分がこうありたいと思う欲求」を求めていることに注意する必要がある。

　現代の観光振興を考える上でもう一つの鍵となる考え方は「保養・休養」であろう。複雑化し、精神的に負荷がかかることが多い現代社会においては、日常生活の中で人々が受けるダメージは大きくなっており、「癒し」が求められている。こうした保養・休養型の観光行動に対応した観光地は「リゾート（Resort）」といわれるが、英語のResortには、「たびたび訪れる場所」「（特に休暇をとった）人が楽しみのために集まるところ」「休養やスポーツ、その他特定の目的のために多くの人が集まるところ」という意味がある。また、そうした休養やスポーツなどを求める人々に対応した施設を有する宿泊施設自体をリゾートということもある。

　欧米の場合は、バカンスという長期休暇制度と相まって、長期滞在が多いといわれるが、日本人の国内宿泊観光旅行は、当該地域での宿泊数

が長い沖縄でも平均宿泊数は3泊未満とされている。1987年に制定された「総合保養地域整備法（リゾート法）」に基づいて国に承認された各地のリゾート開発計画はほぼ頓挫・破綻したが、日常生活におけるストレスがたまる要因が多い現代の日本社会において、休養や癒しの場として、比較的短期間でも、自然環境の中で家族一緒に過ごす時間を共有したり、スポーツを楽しんだり、地域の人々との交流などによりリフレッシュできる保養・休養地は、今後も必要とされよう。

（3）観光行動を支える活動

①　観光産業・観光事業・Tourism Industry・Tourism Business

　観光行動を行う人々（観光者）を支える活動は、日本語では「観光産業」や「観光事業」といわれる。英語でも「Tourism Industry」や「Tourism Business」などの言葉がある。

　「観光産業」と「観光事業」については、「どちらも同じである」とか、「両者には違いがある」など、様々な意見があるが、両者には「捉え方の視点の違い」があるといえよう。「観光事業」は人々の観光行動を支援・促進するための仕事（活動）を、施設整備事業や広報・宣伝事業、交流事業など業務の内容で分けたものである。これに対して「観光産業」は、同じく観光に関連する（主に民間の会社の）仕事（活動）を捉えたものであり、交通運輸業や宿泊業など、その仕事の種類や分野（業種）ごとに分けられる。なお、「事業」には「社会的に大きな仕事」という意味があり、行政関係も、「日本標準産業分類」には、「公務」という項目がある。

②　観光産業とその構造

　生産面から産業を分類した「日本標準産業分類」には、「観光産業」という分類はなく、観光産業は供給している生産物（財やサービス）の種類による分類では捉えることができない産業区分といえる。確かに、観光行動（消費者の行動）に直接対応する産業だけを見ても、観光産業

は多種多様な業種にまたがっている「複合型産業」である。すなわち、一般的に観光産業といわれる旅行業や交通運輸業、宿泊業、観光・レクリエーション施設業だけではなく、「果物狩り」などに対応する農業や工場見学に対応する製造業なども観光産業の一翼を形成するものといえる。

こうしたことから、サービス消費行動である観光行動に対応して、そうした行動をする人々の便宜を図り、満足感を高めるような産業活動（企業活動）を行う産業は、すべて観光産業ということができる。すなわち、従来は観光産業とは考えられていなかった産業も観光産業に含まれることがある。

また、観光産業は、波及効果が及ぶ産業が広範囲にわたる「総合産業」であるといわれている。したがって、観光産業は「複合型産業」であると同時に「総合産業」であるということができる。すなわち、消費行動に直接対応する産業が広い範囲にわたるとともに、波及効果が広範囲にわたるということである。なお、「総合産業」である観光産業は、観光行動に直接対応し、顧客の多くが旅行者である「ベーシックな観光産業」と、観光行動に直接対応しているわけではなく、顧客の多くが旅行者というわけではないが、観光行動に伴って利用され、それによって売上げなどに影響がある「観光関連産業」とに分けることもできる。

③　観光のステークホルダーとその役割・関係

一般に、ある事象に関係する組織や個人を「ステークホルダー」（利害関係者）」という。

観光のステークホルダーには、観光行動をする人（観光者）や各種の観光事業者及び業界団体のほかに、地域・国レベルの行政体、地域・国レベルの観光団体（観光協会等）、観光地の住民やその組織、地域・国レベルの環境団体、文化や遺跡関係の団体、スポーツ・健康・教育関係の団体なども挙げることができる。それぞれの目的（求める効果）は様々であるが、観光者以外のステークホルダーが行う活動を観光事業という

ことができる。こうした観光事業の担い手のうち、主な関係者の役割や関係を整理すると、一般的に以下のようになる。

　観光産業（民間企業・業界団体）は観光資源を開発・利用し、観光者の利便を図ったり施設を整備したりして観光者に提供することにより対価を得る。業界団体は、そうした事業者が共同してＰＲや、当該業界の利益のために行政などに働きかける活動などを行う団体である。

　行政は、観光資源を保護・管理したり、観光産業の活動を助成したり、共同で事業を行ったり、あるいは規制する。それによって雇用の確保、税収の増加などの効果を生み出す。観光に関係する事業者によって構成される観光協会などに助成や支援を行いながら、協働して地域の観光振興に取り組む。地域住民に対しても、活動を助成したり、一緒になって事業を行ったり、場合によっては規制することもある。

　観光協会等の観光関係の団体は、行政等の助成を受けつつ、それらや地域住民と協力して観光資源の管理や観光者に対する情報提供といった「公益的な事業」を行う。民間事業者を中心とした団体ではあるが、行政や地域住民組織により近い立場で（行政や地域住民組織などと一体となって）活動する団体もある。例えば市町村に設立されている観光協会の中にはNPO法人化されている例がある。これらは「地域の観光業界の振興」というより、「観光による地域づくり」に重点を置いている。このように、観光関係団体の性格・機能・地域における立ち位置は、以前よりも複雑になっている。

　地域住民やその組織は、行政に協力して観光資源の管理を担ったり、ボランティア・ガイドなどを行ったりして観光者と交流しつつ観光事業の一翼を担う。

【参考文献】

Angus Stevenson『Oxford Dictionary of English（3rd ed.）』（Oxford University Press、2010）
井上萬壽蔵『観光と観光事業』（国際観光年記念行事協力会、1967年）26頁

溝尾良隆編著『観光学全集第1巻 観光学の基礎』（原書房、2009年）13 ～ 41頁
公益財団法人日本交通公社『旅行年報2018』（2018年）
新村出編『広辞苑 第7版』（岩波書店、2018年）
平凡社編『改訂新版 世界大百科事典6』（平凡社、2007年）347頁
国連世界観光機関（UNWTO）「世界観光倫理憲章」（https://unwto-ap.org/document/world-tourism-ethics-charter/）

第2章
観光立国と
地域の観光振興政策

「観光はまちづくりの総仕上げ」といわれる。それだけ観光政策は広範かつ多岐にわたるテーマから構成される。したがって観光政策の具現化に関わる行政組織も多岐にわたる。本章ではまずこうした観光政策及び観光行政の特性について概観する。

我が国は現在、観光立国を掲げている。その契機には、2002年2月に国会施政方針演説で当時の小泉首相が「わが国の文化伝統や豊かな観光資源を全世界に紹介し、海外からの旅行者の増大と、これを通した地域の活性化を図ってまいります」と打ち上げたことがある。その後、観光立国推進基本法が制定され、多くの県が観光振興条例を制定していった。今ではほとんどの市町村が観光をとおした地域の活性化に取り組んでいる。本章ではこのような観光立国までの流れと各地域が取り組んでいる観光施策について詳しく説明する。

1 観光政策と観光行政の特性

（1）観光政策の特性

①　観光政策と法律

　「政策」という概念の意味づけは様々であり、ここでは「時々の様々な経済・社会・文化的な政治課題に関して、何かしらの価値観に基づいて課題解決へ向けた方向性や施策を定めたもの」としておく。いずれにせよ実現しなければその意味はなく、実現に向け行政が公権力を行使する際の根拠となる法令の制定と政策は表裏一体である。

　しかし観光政策の場合、政策対象である「観光」そのものの定義が難しく、個々人の活動・精神領域に関わるものであったり、産業活動に関するものであったり、また根拠データも乏しかったりといった事由で実効性ある実定法制定へという流れには至っていない。

　これには1963年に施行された観光基本法が、ほぼ同時期に定められた農業基本法や中小企業基本法とは異なり理念法にとどまり、関連法令制定への道筋を法的に持たなかったことも大きい。

　図表2－1に現在制定されている観光関連の法律を掲げるが、ごく一部を除き、ほとんどが「観光政策」対応を意図して定められたものではないことが理解できよう。自治体において観光主管課に配属され、観光行政を初めて担当することとなった職員が、「根拠法がないので、何をどのようにしてよいかわからない」と困惑するゆえんである。

②　観光政策の広範性

　観光政策の最大の特性は、「人の流れ（旅行）」「人の働き方・休み方」「国民の福利」「産業ビジネス活動」「人材育成（教育）」「国際収支」「地域の振興」「自然資源・人文資源の保護・保全」等々、広範かつ多岐にわたるテーマから構成されることである。

　反面、これらは交通政策や出入国管理政策、労働政策、産業政策、地

域政策、環境政策、文化財保護政策そのものであり、政策を現実の施策として実行する行政ではそれぞれを所管する部署が担うこととなる。こ

図表2−1 「観光」に関連する法律

分 類	名 称
観光政策の理念・方向性	観光立国推進基本法
外国人旅行者の受け入れと誘致	〈受け入れ〉 旅券法、出入国管理及び難民認定法、関税法、外国為替及び外国貿易法、通訳案内士法、国際観光ホテル整備法 〈誘致〉 独立行政法人国際観光振興機構法、国際会議等の誘致の促進及び開催の円滑化等による国際観光の振興に関する法律（コンベンション法）、外国人観光旅客の来訪の促進等による国際観光の振興に関する法律
国民の海外旅行	旅券法、出入国管理及び難民認定法、関税法
観光資源の保護・保全と活用、観光レクリエーション空間の整備	〈観光資源の保護・保全・活用〉 自然公園法、温泉法、文化財保護法、古都保存法、景観法、地域における歴史的風致の維持及び向上に関する法律（歴史まちづくり法）、エコツーリズム推進法、地域伝統芸能等を活用した行事の実施による観光及び特定地域商工業の振興に関する法律、中小企業による地域産業資源を活用した事業活動の促進に関する法律 〈環境保全・土地利用〉 自然環境保全法、森林法、海岸法、河川法、都市公園法 〈観光レクリエーション空間・滞在環境の整備〉 農山漁村滞在型余暇活動のための基盤整備の促進に関する法律、観光圏の整備による観光旅客の来訪及び滞在の促進に関する法律（観光圏整備法）
宿泊施設	旅館業法、住宅宿泊事業法（民泊新法）、国際観光ホテル整備法、食品衛生法、建築基準法、公衆浴場法、消防法、都市計画法
運輸交通	鉄道事業法、道路運送法、航空法、海上運送法、港湾法、道路法、地域公共交通の活性化及び再生に関する法律
旅行業及び旅行取引における消費者保護	旅行業法、不当景品類及び不当表示防止法
国民の休日・休暇	国民の祝日に関する法律

出典：筆者作成

こに観光政策の具現化において複雑で行政対応が難しいという問題が生じる。

（2）観光行政の特性と課題

① 多岐にわたる観光行政組織

　観光政策が広範なテーマに関わるということから、観光政策の具現化に関わる行政組織は多岐にわたる。

　我が国の政府組織を見ても、例えばインバウンド振興の企画とプロモーション施策等は観光庁が担うが、エコ・ツーリズムは環境省、グリーンツーリズムは農林水産省、また産業政策の対象としてのレジャー産業は経済産業省、宿泊産業の根幹を律するともいえる旅館業法は厚生労働省の所管といったようである。

　これは自治体においても同様であり、域外からの観光誘客プロモーションは観光主管部・課が担うが、「観光地域づくり」に関わる企画・立案機能は観光主管課であったり、企画・政策立案主管課であったりする。グリーンツーリズムなどは国の縦割りそのままに農林水産業振興主管部・課の所管である。観光の知識に乏しい農林水産業振興主管部・課が、所管部署として適正な政策執行を図る上での課題は少なくない。

② 地方観光行政の基本的課題

　政策テーマ、ひいては関係行政組織が多岐にわたる際に、「セクショナリズム」という官僚組織に伴う弊害が生じかねない。そこでトップのリーダーシップが欠かせない。次節で紹介する「明日の日本を支える観光ビジョン」は内閣総理大臣が議長、内閣官房長官及び国土交通大臣が副議長を務め、関係府省や外部有識者から構成された会議体で策定されている。さらに同ビジョンで掲げられた目標達成のための施策の推進について内閣官房長官を議長とし、ほかすべての国務大臣が参加する会議体「観光戦略実行推進会議」で議論、決定されている。

　行政トップが公選により選出される大統領制をとる自治体においては

とりわけ首長のリーダーシップが重要である。そして関係各部局の連携、政策・施策の連絡・調整の場づくり、ともすると形骸化することが多い、そうした場の役割に関する制度的・組織的担保が求められる。

「観光はまちづくりの総仕上げ」「観光振興は地域の総力戦」といわれる。自治体職員にはたとえ観光を所管していなくても、所管する施策の立案、事業の執行において観光面での配慮が望まれる。そうした意味でも観光行政の指針として認識共有される「観光振興条例」「観光基本計画」は重要である。

2 観光立国への流れと政策及び施策の概要

（1）「観光基本法」から「観光立国推進基本法」へ

① 理念法としての「観光基本法」

現在の「観光立国推進基本法」が2007年に施行されるまでは、我が国の観光政策の根幹は、1963年に制定された「観光基本法」にあった。ここでは、「観光基本法」についてその概略を記す。

「観光基本法」の第1条で国の観光に関する政策の目標が次のように述べられている。

観光基本法［この法律は、平成18年12月20日号外法律第117号〔平成19年1月1日施行〕により廃止］

（国の観光に関する政策の目標）

第一条　国の観光に関する政策の目標は、観光が、国際収支の改善及び外国との経済文化の交流の促進と、国民の保健の増進、勤労意欲の増進及び教養の向上とに貢献することにかんがみ、外国人観光旅客の来訪の促進、観光旅行の安全の確保、観光資源の保護、育成及び開発、観光に関する施設の整備等のための施策を講ずることにより、国際観光の発展及び国民の健全な観光旅行の普及発達を図り、もつて国際親善の増進、国民経済の発展及び国民生活の安定向上に寄与し、あわせて地域格差の是正に資することにあるものとする。

　前述の目標を達成すべく、講じられる施策が掲げられた。以下に例示する。

　　・外国人観光旅客の来訪の促進及び外国人観光旅客に対する接遇の向上を図ること
　　・家族旅行その他健全な国民大衆の観光旅行の容易化を図ること
　　・低開発地域につき観光のための開発を図ること
　　・観光資源の保護、育成及び開発を図ること

　観光開発が活発化した高度経済成長期に、このように観光が位置付けられたことにより、その施策が現在のインバウンド施策、地域開発等の基盤になっていることは明らかである。しかし同法は前節でも指摘したように理念法にとどまり、関連法令制定への道筋を法的に持たなかった。地方行政との関連でいえば、「観光基本法」では「地方公共団体は、国の施策に準じて施策を講ずるように努めなければならない」と「努力義務」を表現するにとどまっている。

　なお、最初の「観光白書」が同法に基づき翌1964年に制作、発刊され、現在に至っている。

②　観光立国へ向けた観光立国推進基本法

　1970年代以降、我が国の経済・社会環境は大きく変化した。その中で、21世紀に向けた観光の意義と経済・社会における観光の位置付けについて検討がなされた。その結果が明確に示されたのが、1995年に出された観光政策審議会答申「今後の観光政策の基本的な方向について」である。この答申は長期的な観光政策に関するものとしては実に22年ぶりのものであった。

　この答申の特徴は次の点である。まず、「観光は21世紀のわが国経済社会発展の核となりうる重要性を有している」という基本認識が明記されたことである。さらに、「観光活動がすべての分野の人々にとって必要である」「21世紀のわが国の経済構造を安定的なものとし、新しい雇用を創出できるのは観光産業である」「観光は、地域の経済と文化を活

性化させ、地域振興に寄与する」「21世紀においては、さらなる国際観光交流により、国際相互理解の増進を図りつつ、国際収支の均衡化に資することが求められている」等の記載により、観光（活動・産業）が経済・社会に及ぼす影響と重要性が明文化されたことも特記すべき点である。

2002年2月には、国会の施政方針演説において当時の小泉首相が「わが国の文化伝統や豊かな観光資源を全世界に紹介し、海外からの旅行者の増大と、これを通した地域の活性化を図ってまいります」と述べ、国策として観光の振興を打ち上げた。この演説は、その後の観光立国推進へ向けた端緒となるとともに、また観光関係者にとっては歴代首相の施政方針演説の中で初めて観光の振興が取り上げられた「歴史的な瞬間」であった。当時の経済・社会情勢は、バブル崩壊後、経済が長期に及び停滞しており、特に地方の経済は疲弊していた。国際観光の面でインバウンドを振興し、観光の経済波及効果の増大をとおして地方レベル、ひいては国レベルの産業経済の活性化を図ろうとしたのである。

こうした流れの中で、観光基本法の見直しが行われた。観光立国の実現が、我が国の経済社会の発展のために欠かせない事項として2006年に議員立法として成立し、翌2007年より施行されている法律が「観光立国推進基本法」である。同法は、「特に観光旅行者の利便の増進について適切な配慮を加えつつ、観光に関する諸条件の不備を補正するとともに、わが国の観光の国際競争力を強化することは、国際親善の増進、国民経済の発展及び国民生活の安定向上を図ろうとするわれら国民の解決しなければならない課題である」という認識に基づき、「国際競争力の高い魅力ある観光地の形成」「観光産業の国際競争力の強化及び観光の振興に寄与する人材の育成」「国際観光の振興」「観光旅行の促進のための環境の整備」を基本的施策として定めている。このような経緯のもと、2008年10月に観光庁が発足した。

（2）観光立国推進基本計画と明日の日本を支える観光ビジョン

①　観光立国推進基本計画

　2007年に施行された「観光立国推進基本法」に基づき、2007年に「観光立国推進基本計画」が策定された。これは5年間を計画期間とするものであり、2012年に改訂され、さらに、2017年度から2020年度までの4年間を計画期間とする新たな「観光立国推進基本計画」が策定されている。

　これまでの3次にわたる観光立国推進基本計画のいずれにおいても、国民経済の発展、国際相互理解の増進、国民生活の安定向上の3点が方針に挙げられている。しかし、東日本大震災直後であった第2次観光立国推進基本計画に掲げられた「震災からの復興」が、第3次観光立国推進基本計画では「災害、事故等のリスクへの備え」と変化している。また、第3次観光立国推進基本計画では講ずべき施策として、観光地再生、地方創生回廊の整備、地域独自の旅行商品の創出などが打ち出されており、安倍内閣による地方創生、そして地域振興と観光ビジネスに関する重視が強まっていることがわかる。

　さらに、第3次観光立国推進基本計画では「観光は我が国の成長戦略の柱」として捉えられており、地方創生への切り札として位置付けられている。離島・半島地域、豪雪地域などではその地理的・自然的特性を活用した観光振興、農山漁村滞在型旅行の推進、地域に残存する古民家の活用促進など、地域振興を意識した観光施策が提示されている。また、とりわけ重視されている外国人観光客の来訪の促進に当たっては、2020年度に外国人旅行者数を4,000万人、外国人旅行消費額を8兆円、外国人旅行者の地方圏における延べ宿泊者数について7,000万人泊等とすることを計画目標に挙げている。

②　明日の日本を支える観光ビジョン

　2016年3月、「世界が訪れたくなる日本を目指」し、「明日の日本を支える観光ビジョン」が策定された。この背景には、東日本大震災後なが

図表2-2 「明日の日本を支える観光ビジョン」が掲げる数値目標

	2020年	2030年
訪日外国人旅行者数	4,000万人 (2015年の約2倍)	6,000万人 (2015年の約3倍)
訪日外国人旅行消費額	8兆円 (2015年の2倍超)	15兆円 (2015年の4倍超)
地方部での外国人延べ宿泊者数	7,000万人泊 (2015年の3倍弱)	1億3,000万人泊 (2015年の5倍超)
外国人リピーター数	2,400万人 (2015年の約2倍)	3,600万人 (2015年の約3倍)
日本人国内旅行消費額	21兆円 (最近5年間の平均から約5%増)	22兆円 (最近5年間の平均から約10%増)

出典：観光庁観光戦略課「明日の日本を支える観光ビジョン」（平成28年3月30日）

らインバウンド市場が拡大したことにより政府目標の早期達成が可能となり、さらなる検討が必要となったことがある。今後の課題としては、「観光資源の磨き上げと広報」「地域雇用促進と生産性の向上」「快適な旅行環境の整備」が議論され、次の三つの視点により施策の方向性が出されている。

　・観光資源の魅力を極め、地方創生の礎に

　・観光産業を革新し、国際競争力を高め、我が国の基幹産業に

　・すべての旅行者が、ストレスなく快適に観光を満喫できる環境に

　そしてこれらを踏まえる形で、**図表2-2**に見るとおり長期にわたる数値目標が掲げられている。

【参考文献】

寺前秀一編著『観光学全集第9巻 観光政策論』（原書房、2009年）5～17頁
公益財団法人日本交通公社『旅行年報2018』（2018年）
観光庁「観光白書」

3 地域の観光振興政策と施策

（1）都道府県における観光振興関連条例の制定

①　観光立国推進基本法に見る自治体の基本的役割

　観光立国推進基本法は、観光立国の実現に向けた施策の基本理念とし
て、「観光立国の実現に関する施策は、<u>地域における創意工夫を生かし
た主体的な取組を尊重しつつ</u>、地域の住民が誇りと愛着を持つことので
きる活力に満ちた地域社会の持続可能な発展を通じて国内外からの観光
旅行を促進することが、将来にわたる豊かな国民生活の実現のため特に
重要であるという認識の下に講ぜられなければならない」としている（下
線部筆者）。その上で、国の責務と並んで「地方公共団体は、基本理念
にのっとり、観光立国の実現に関し、国との適切な役割分担を踏まえて、
<u>自主的かつ主体的に、その地方公共団体の区域の特性を生かした施策を
策定し、及び実施する責務を有する</u>」と定めている（下線部筆者）。ここ
が前述のとおり「地方公共団体は、国の施策に準じて施策を講ずるよう
に努めなければならない」と、努力義務を表現するにとどまった観光基
本法と観光立国推進基本法との大きな相違といえる。

②　都道府県レベルにおける観光振興関連条例の制定状況

　2019年9月時点で、「当該都道府県全体を対象とする観光振興」を主
題とする条例を有するのは33道県となっている。全体のほぼ7割が有
することとなる。

　全国に先んじて制定したのは沖縄県であり、「沖縄県観光振興条例」
が1980年3月に施行されている。次いで北海道「北海道観光のくにづ
くり条例」（2001年10月施行）、高知県「あったか高知観光条例」（2004年
8月施行）、長崎県「長崎県観光振興条例」（2006年10月施行）と続く。
その他については広島県が観光立国推進基本法の施行と同時に行ってい
るが、ほかすべて観光立国推進基本法の施行以降に制定されたものであ

る。

③　都道府県レベルにおける観光振興関連条例の内容

　それぞれの条例の内容を見ると、目的・（用語の）定義・基本理念・各道県の責務・事業者や道県民等に期待する役割・観光振興の基本方向・観光振興計画の策定義務・推進体制といった内容でおおむね構成されている。

　条例の名称を捉えると、「ふるさと佐賀への誇りを育む観光条例」「ようこそようこそ鳥取観光振興条例」「えひめお接待の心観光振興条例」などのように当該県における観光振興のねらいを直接的に名称に冠する例、「神話のふるさと宮崎観光おもてなし推進条例」「おいでませ山口観光振興条例」のように当該県が長きにわたり使用してきた観光誘客キャッチコピーを冠する例があり、興味深い。

　内容的には岐阜県の「みんなでつくろう観光王国飛騨・美濃条例」が異色・出色といえる。「前文」が叙情的表現で、法令にはなじまないという見方もあろうが、「（めざすもの）第一条　私たちは、飛騨・美濃のじまんを知ってもらい、見つけだし、創りだす飛騨・美濃じまん運動（以下「じまん運動」といいます。）に取り組むことで、観光産業を基幹産業として発展させ、もって飛騨・美濃の特性をいかした誇りの持てるふるさとをつくります」「（合い言葉）第二条　私たちは、「知ってもらおう、見つけだそう、創りだそう　ふるさとのじまん」を合い言葉に、じまん運動にみんなで取り組みます」といった条文は親しみやすく、わかりやすい。

　また神奈川県の「神奈川県観光振興条例」にはほかには見られない「大学等との連携」として、「県は、観光の振興に寄与する人材の育成等を推進するに当たっては、大学等との連携を図るよう努めるものとする」という条項が入っている。この条項が法令上の根拠となって、神奈川県では県及び県内に観光系の学部・学科を有する大学が事業負担金を出し合う「かながわ観光大学推進協議会」が組織され、観光分野の人材育成

みんなでつくろう観光王国飛騨・美濃条例（前文）

　　私たちは、古くから「飛騨の国、美濃の国」と呼ばれてきたこの岐阜県を愛して
やみません。
　　この地は、春には桜色に包まれ、夏には深い緑におおわれ、秋には森は赤や黄
色に染まり、平野は黄金色に輝き、冬には白く雪化粧をするなど、自然の生みだす
五色の彩りに恵まれています。
　　この地には、日本人の心のふるさとの原風景がいたるところにあります。
　　この地は、日本の東西交流の中心地として、重要な歴史の舞台になってきまし
た。地の利をいかした独自の文化が育まれ、商いも活発に行われてきました。
　　そして、太平洋側と日本海側を南北に結ぶ交通網が充実する今日、飛騨・美濃
は、日本の東西南北の交流の中心として、明日の舞台になろうとしています。
　　おりしも、団塊の世代の人々の癒しや自らの再発見を求めたふるさと回帰が進
んでいます。
　　さあ、飛騨・美濃にとって大交流時代の幕開けです。
　　日本のふるさとの良さをすべて持った飛騨・美濃が、県内外の人たちに癒しを
与え、心にゆとりを与えるところとして輝くときです。
　　観光は、単に観光産業だけではなく、製造業、農林水産業など、幅広く地域経済
へ効果をもたらす、すそ野の広いものであり、みんなで大切に育てるべきもので
す。こうした観光による交流を広げる取組は、明日のふるさとづくりにつながります。
　　飛騨・美濃には、森林、河川、温泉などの素晴らしい自然、歴史、文化、産業など、
日本の貴重な財産として、世界に誇れるものが満ちあふれています。
　　私たちは、自信を持って、各地から多くの人たちにこの地へ観光に訪れていた
だくため、総力をあげて、飛騨・美濃のじまんを知ってもらい、見つけだし、創りだ
す飛騨・美濃じまん運動を進めます。そして、飛騨・美濃を、誇りの持てるふるさと
へと発展させていくため、観光王国飛騨・美濃を私たちみんなでつくります。

出典：岐阜県公式ホームページ
　　　（https://www.pref.gifu.lg.jp/sangyo/kanko/horei/s11334/jyorei.html）

に取り組んでいる。県行政と地元の大学との連携による、観光分野にお
ける人材育成の先進的な事例といえよう。

（2）地域の観光振興政策と施策

①　地域における観光政策の主目的

　我が国のすべての都道府県、またほとんどの市町村が「観光の振興」、

ひいては「観光をとおした地域の活性化」に取り組んでいる。

　かつては豪雪山村等の条件不利地域、あるいは温泉地のように産業構造的に観光への依存度が大きい地域において観光の振興が政策課題として強く意識されてきた。しかし、少子・高齢化の進展に伴う地域活力の低下、製造業の地盤沈下と産業構造の変貌等を背景に、観光の振興を目指す動きが大都市圏においても増えてきている。ましてや地方圏の中山間地域や中小都市において観光にかける期待は増している。

　都道府県や市町村の観光政策の主目的は、このように観光の振興をとおした地域の活性化、ひいては税収増大による住民生活の向上にある。

②　共通して取り組まれている観光行政施策

　都道府県や市町村で取り組まれている観光行政施策は当該地域の立地条件や観光レクリエーション資源の条件、また観光地としての形成発展の度合い等によって、その力点は異なっている。ここでは各地域に比較的共通する施策を捉えて、その内容を紹介する。

(ア)　地域特性を生かした観光魅力づくり

　各種観光資源の見直し・磨き上げによる、まち歩き・農林漁業体験・地場産業体験・自然体験・地域での様々な生活体験・歴史探索等の観光体験プログラム（メニュー）開発の促進、そのための「場（空間・施設）」の整備等である。

(イ)　観光資源の保護・保全、自然環境や歴史的環境の保護・保全、景観形成、受け入れ基盤の整備

　法令に基づく観光開発行為の規制、マイカー規制などによる観光利用のコントロールひいてはオーバーツーリズムの防止、条例の制定や指針づくりなどによる景観形成へ向けた規制や誘導、環境の美化、公共駐車場・トイレ・休憩施設・遊歩道の整備等である。

(ウ)　観光情報の発信・提供、誘客宣伝

　紙媒体の制作・配布、マスメディアへの情報提供、ホームページやSNSをとおした観光情報の発信、旅行会社への情報提供や旅行商品化の

働きかけ等である。

　近年では外国人観光客の誘致に向けて海外向けの観光情報の発信、トップセールス等現地へ出向いての誘客活動、現地で開催される観光展への参加、海外の旅行会社やメディア関係者、インフルエンサーの招聘、MICEの誘致に取り組む例が多くなっている。

㈒　観光客受け入れ体制の整備

　観光案内所の開設をとおした観光情報の提供や観光案内標識類の整備、二次交通の整備等である。

㈓　観光分野の人材育成とおもてなしの向上

　観光魅力づくりに関わる商品化やICTを活用した観光情報の発信など観光地マーケティングに関して専門的な知識やスキルを持つ有為の人材の育成、また観光客の来訪満足度を上げるためのおもてなし・接客サービス力の向上等である。

㈔　広域観光の推進

　複数の県・市町村による広域的な観光ルート形成や観光コースの設定など観光客受け入れ体制の構築、広域的な観光宣伝・PR組織づくりと観光キャンペーンの実施等である。

③　重点的に取り組まれている事業

　公益財団法人日本交通公社が事務局を担い、筆者も参画する「観光政策検討有識者会議」では各都道府県及び各政令指定都市・主要な観光市町村を対象に「観光政策アンケート調査」を毎年度実施している。その2018年度調査結果から、各都道府県及び各政令指定都市・主要な観光市町村が2017年度に実施した代表的な事業、さらに2018年度に重点的に取り組もうとする事業について以下に紹介する。いずれも様々な施策・事業の中から主たるものを三つ選んで答えてもらう方式によるものである。

㈎　都道府県の場合（47都道府県中、回答44）

　2017年度に実施した事業のうち、最も多く選択されたものは「情報発

信」(70.5%)である。例えば「Webサイトの作成」「旅行博等への出展」「ポスター・チラシ・動画の作成」が挙げられている。次に多いのは「旅行目的となる観光資源のソフト整備」(61.4%)で、「旅行商品・周遊ルート・体験プラン・商品の開発等」が挙がっている。3番目に多いのは「営業販売」(40.9%)であり、具体的には「トップセールス」「販路開拓」「FAM Tripの実施」「MICEや修学旅行の誘致」等が挙げられている(**図表2−3**)。

　2018年度に重点的に取り組もうとする事業を見ると、最も多いのは「情報発信」(70.5%)である。以下、「旅行目的となる観光資源のソフト整備」(68.2%)、「営業販売」(47.7%)となっている(**図表2−4**)。

　これらの傾向は2017年度に実施された同調査結果とほとんど変わらない。

図表2−3　2017年度に都道府県が実施した「代表的な」事業

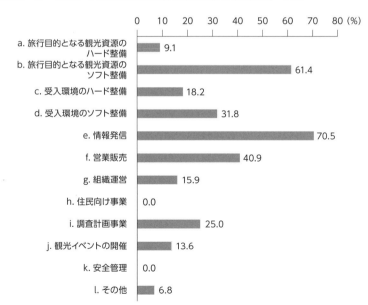

（注）主たるものを「三つ」選択してもらっている。n＝44
出典：公益財団法人日本交通公社『旅行年報2018』

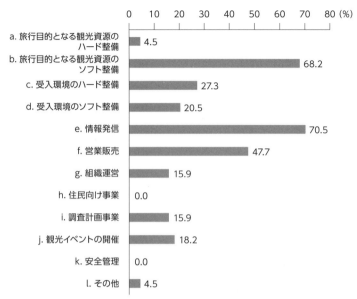

図表2-4　2018年度に都道府県が重点的に取組む事業

（注）主たるものを「三つ」選択してもらっている。n＝44
出典：図表2-3に同じ

（ｲ）　政令指定都市及び主要観光市町村の場合（調査対象199市町村、回答
110）

　2017年度に実施した事業のうち、最も多く選択されたものは「情報発
信」（57.3%）である。例えば、「観光情報発信センターの運営」「旅行博
への出展」「ポスターの作成」「マスコミ媒体を活用したPR」などが挙
がっている。次に多いものは「観光イベントの開催」（47.3%）で、「自
衛隊や民間事業者と協力したイベントを含む事業の展開」「首都圏にお
ける物産PRイベント」「花火大会の開催」等が挙がっている（**図表2-5**）。
　2018年度に重点的に取り組もうとする事業を捉えると、最も多いのは
やはり「情報発信」（52.7%）である。例えば「観光情報発信を一元化す
るポータルサイトの運営」「観光情報の多言語化」が示されている。次

図表2-5　2017年度に政令指定都市及び主要観光市町村が実施した「代表的な」事業

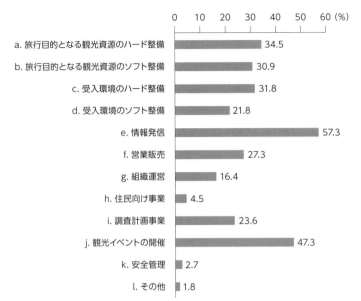

a. 旅行目的となる観光資源のハード整備　34.5
b. 旅行目的となる観光資源のソフト整備　30.9
c. 受入環境のハード整備　31.8
d. 受入環境のソフト整備　21.8
e. 情報発信　57.3
f. 営業販売　27.3
g. 組織運営　16.4
h. 住民向け事業　4.5
i. 調査計画事業　23.6
j. 観光イベントの開催　47.3
k. 安全管理　2.7
l. その他　1.8

（注）主たるものを「三つ」選択してもらっている。n＝110
出典：図表2-3に同じ

　いで、「旅行目的となる観光資源のソフト整備」（41.8%）が挙げられ、「繁忙期から閑散期に繋がる国内旅行商品の開発」等が志向されている（**図表2-6**）。

　都道府県対象の前記調査結果と同様に、こうした傾向は2017年度の同調査結果とほぼ変わらない。

　なお、観光振興に関わる条例を定めている市町村は全体の11.2%にすぎず、85.0%の市町村は「制定予定なし」と回答している。政令指定都市については回答があった11市すべてが「制定予定なし」である。

　こうした一方で、観光行政の指針ともなる「観光計画」（観光基本計画、観光振興計画、観光ビジョン等）の策定に関しては全体の76.6%、ほぼ4分の3の市町村が「既に策定済み」としており、「策定予定なし」は

9.3％にすぎない。

「観光振興条例」制定の必要性は認めないが、観光計画は策定するという認識がうかがえる。

図表２−６　2018年度に政令指定都市及び主要観光市町村が重点的に取組む事業

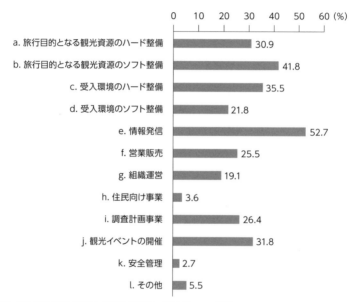

（注）主たるものを「三つ」選択してもらっている。n＝110
出典：図表２−３に同じ

第**3**章
国民の観光の動きを知る

・・・

　観光庁の推計では2017年の日本国内における観光消費額は（訪日外国人旅行者による分も含め）27.1兆円に上る。さらにその生産波及効果は55.2兆円で、472万人の雇用創出に寄与している。こうした経済効果をもたらしている日本人の旅行は、国内宿泊旅行で2億9,105万人回、国内日帰り旅行で2億7,073万人回、海外旅行1,891万人回である。本章ではまず量的な面から国民の観光の動きを説明する。

　一方、国民の旅行ニーズは時代とともに変化する。我が国で旅行が大衆化した1960年代以降の大きな流れを捉えると、「団体旅行から個人・グループ旅行へ」「『見る』から『する』へ」といわれる変化を遂げ、今日に至る。本章ではそうしたこれまでの流れに触れながら現在のマーケットの特徴を述べるとともに、今後の観光の展望について「観光を持続可能なものにする」のではなく、持続可能な社会に向けて「社会課題を解決する観光」が求められてくるといった視点から説明する。

1 観光消費額と波及効果

ここではまず、旅行・観光の経済効果について概観する。

（1）観光消費額

観光消費額は、①観光客数と②観光消費単価（交通費、宿泊費、飲食費、買物代、ツアー参加費など旅行中又は旅行のために消費した支出額の合計）を乗じて算出される（①×②）。

観光庁の「旅行・観光消費動向調査」によると、日本人の国内旅行消費額は20.5兆円（2018年）で、このうち宿泊旅行消費額は15.8兆円、日帰り旅行消費額は4.7兆円である。また旅行消費単価は1人1回当たり36,462円で、宿泊旅行が54,300円、日帰り旅行が17,285円であった。

2010年以降の動きを見ると、旅行者数は減少傾向にあるが、**図表3－1**のように旅行単価は上昇しており、結果的に消費額全体は宿泊・日帰り合わせておおむね20兆円前後で推移している（**図表3－2**）。

この日本人の国内旅行消費に海外旅行の国内消費分や訪日外国人旅行

図表3－1　日本人国内旅行の1人1回当たり旅行単価の推移

出典：観光庁「旅行・観光消費動向調査」を基に筆者作成

者分を加えた2017年の日本国内における観光消費額は27.1兆円と推計されている（**図表3－3**）。

　日本国内の観光消費額は、圧倒的に日本人の宿泊旅行が大きく全体の6割を占め、日帰り旅行が2割弱程度でこれに次ぐ。ただし、2017年に15.3％（4.1兆円）となった訪日外国人旅行のシェアが、2010年には5.7％（1.3兆円）であったことからすれば、その拡大は顕著な動きとなっている。

図表3－2　日本人国内旅行消費額の推移

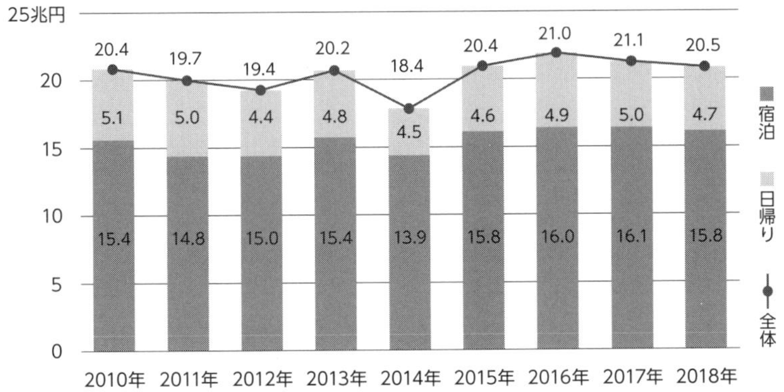

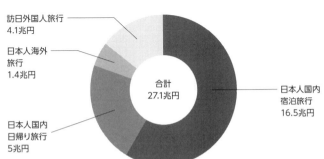

出典：観光庁「旅行・観光消費動向調査」を基に筆者作成

図表3－3　2017年日本国内における観光消費（国際基準）

訪日外国人旅行
4.1兆円

日本人海外
旅行
1.4兆円

合計
27.1兆円

日本人国内
宿泊旅行
16.5兆円

日本人国内
日帰り旅行
5兆円

出典：観光庁「旅行・観光産業の経済効果に関する調査研究」（2019年3月）

（2）経済波及効果

　観光客は移動や飲食、買物など旅行中に様々な行動を行うが、その消費の効果はそれぞれの財やサービスを提供する関係業種に及び、宿泊業や交通運輸業はもちろん、食料品製造・加工業、飲食店業、小売業、農林水産業など幅広く多様な産業に波及するという特徴がある。我が国で観光の経済波及効果への関心が高まり、分析・調査研究が本格的になされるようになったのは2000年代に入ってからのことで、推計結果が政策的に活用されるようになった。

　国や地域における観光による経済波及効果は、観光消費額をベースに、産業連関表等を用いて、域内調達率（又は域内付加価値率）を乗じて推計される。

　観光庁によると、先述の日本国内の旅行消費額27.1兆円が生み出した生産波及効果は55.2兆円（うち付加価値効果は27.4兆円）で、472万人の雇用創出と4.9兆円の税収効果に寄与しており、付加価値効果の27.4兆円は、GDPの5.0％に相当する。また、産業別の波及効果も推計され、例えば農林水産業については1.25兆円、50.9万人となっている（**図表3－4**）。

　地域が観光による経済波及効果を期待する場合、集客数や観光消費額を高めるだけでなく、いかに域内から原材料を調達し、広告や金融などの営業費用を地域内にとどめるかが重要であるといえよう。地域政策として産業構造のあり方や競争力向上にも取り組む知恵と工夫が求められる。

2 日帰り旅行及び宿泊旅行の量的動向

（1）全体量と推移

　「旅行・観光消費動向調査」（観光庁）によると、2018年の日本人の旅行平均回数は、国内宿泊旅行で1人当たり2.30回（うち観光目的は1.30回、

図表3－4　旅行消費が日本国内にもたらす産業別経済効果（2017年）

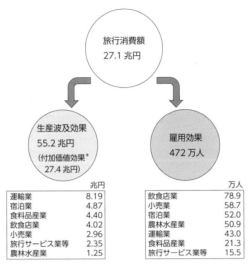

	兆円
運輸業	8.19
宿泊業	4.87
食料品産業	4.40
飲食店業	4.02
小売業	2.96
旅行サービス業等	2.35
農林水産業	1.25

	万人
飲食店業	78.9
小売業	58.7
宿泊業	52.0
農林水産業	50.9
運輸業	43.0
食料品産業	21.3
旅行サービス業等	15.5

（注）＊付加価値効果…原材料や中間投入物を差し引いたもの
出典：観光庁「令和元年版 観光白書」を基に筆者作成

帰省・知人訪問0.63回、出張・業務0.37回）、国内日帰り旅行では同2.13回（うち観光目的1.49回）で、海外旅行では同0.15回（うち観光目的は0.11回）であった。

　また国内宿泊旅行の平均宿泊数は、1人当たり年間5.08泊（うち観光目的2.14泊、帰省・知人訪問2.11泊、出張・業務0.83泊）であった。

　平均旅行回数に人口を乗じた国民の旅行全体量＝延べ旅行者数は、国内宿泊旅行で2億9,105万人回、国内日帰り旅行全体で2億7,073万人回、海外旅行は1,891万人回で、国内宿泊旅行者数は、海外旅行者数の約15倍である（法務省による出国者数は1,895万人）（**図表3－5**）。

　「観光」目的の宿泊旅行回数と宿泊数について過去10年の推移を見ると、年による変動は見られるものの平均的には年間1.3～1.4回、2.2泊程度で推移し、回数、宿泊数ともにあまり大きな変化は見られない（**図表3－6**）。

図表3−5　日本人延べ旅行者数 (2018 年)

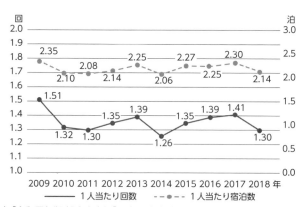

出典：観光庁「旅行・観光消費動向調査」を基に筆者作成

図表3−6　日本人国内宿泊観光旅行の回数及び宿泊数の推移

出典：観光庁「令和元年版 観光白書」「平成26年版 観光白書」を基に筆者作成

（2）地域別の動向

　次に着地側の統計である、観光庁の「宿泊旅行統計調査」から旅行先
（ビジネスを含む延べ宿泊数）を見ると、**図表3−7**のとおり関東が1億
2,403万人泊で圧倒的に多く、中部、近畿がこれに次ぐ。外国人では、

図表3-7　地域別の延べ宿泊者数（2017年）

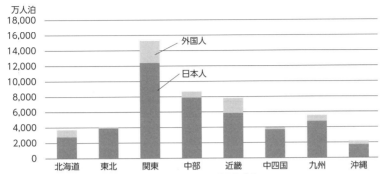

（注）関東には山梨県、新潟県を含み、中部には三重県を含む
出典：公益財団法人日本交通公社『旅行年報2018』を基に筆者作成

　関東の2,872万人泊、近畿の1,978万人泊に続いて中部、北海道の順となっている。

　2013年との比較では、全体量は増加しているが、その内訳を見ると、いずれの地域でも訪日外国人が2～3倍に増加しているのに対し、東北、中部、近畿、沖縄では日本人旅行者の延べ宿泊数が減少している（**図表3-8**）。

（3）今後の宿泊旅行市場の展望

　『レジャー白書2018』（公益財団法人日本生産性本部）の余暇活動参加人口調査で国内観光旅行が7年連続1位となったように、国民の旅行・観光へのニーズは安定的に高く、ハッピーマンデー制度等「国民の祝日に関する法律」の改正や休暇取得を促す政策もとられてきた。しかしその反面、日本人の平均旅行回数は前述のとおりそれほど伸びていない（**図表3-9**）。

　地域においても体験型のメニューの拡充、着地型旅行商品開発の推進等によって滞在時間（泊数）を延ばす取組みは進んだが、平均宿泊数はなかなか伸びないのが現状で、人口が2008年をピークに減少している

図表3-8　地域別延べ宿泊者数の推移（2013～2017年）

単位：人泊

		2013年	2014年	2015年	2016年	2017年	2017年/2013年
北海道	外国人	3,069,750	3,890,590	5,641,140	6,554,220	7,702,470	2.51
	日本人	27,900,720	27,088,480	26,949,930	27,000,280	27,854,480	1.00
東北	外国人	349,780	402,060	607,890	725,510	1,065,550	3.05
	日本人	41,007,740	40,978,730	42,279,430	39,329,930	39,062,220	0.95
関東	外国人	14,020,960	18,844,550	25,483,100	26,064,600	28,725,140	2.05
	日本人	120,858,280	120,742,330	123,118,690	119,684,190	124,029,070	1.03
中部	外国人	3,305,050	4,234,570	7,137,950	7,363,930	7,770,150	2.35
	日本人	82,361,880	79,796,410	84,348,900	79,740,190	78,930,440	0.96
近畿	外国人	7,930,960	10,849,880	15,921,840	17,077,330	19,779,710	2.49
	日本人	60,260,470	59,620,610	59,545,390	57,360,090	58,322,050	0.97
中四国	外国人	783,810	970,840	1,608,500	2,022,570	2,511,690	3.20
	日本人	35,883,290	36,569,040	37,220,550	37,063,290	37,034,030	1.03
九州	外国人	2,563,330	3,243,570	5,529,330	5,721,010	7,512,100	2.93
	日本人	46,122,370	46,128,270	48,622,010	46,151,370	47,611,170	1.03
沖縄	外国人	1,487,750	2,388,550	3,684,870	3,859,790	4,623,800	3.11
	日本人	19,301,840	17,753,510	16,378,860	16,766,900	17,062,770	0.88
全国	外国人	33,511,380	44,824,600	65,614,600	69,388,940	79,690,590	2.38
	日本人	467,207,970	473,501,950	504,078,370	492,485,160	509,596,860	1.09

（注）関東には山梨県、新潟県を含み、中部には三重県を含む
出典：公益財団法人日本交通公社『旅行年報2018』を基に筆者作成

図表3-9　余暇活動の参加人口上位10位（2017年）

順位	余暇活動種目	万人
1	国内観光旅行	5,240
2	外食	3,980
3	読書	3,870
4	ドライブ	3,810
5	映画	3,420
6	ショッピングセンター等	3,310
7	音楽鑑賞	3,190
8	動物園、博物館等	3,090
9	ウォーキング	2,970
10	カラオケ	2,920

出典：公益財団法人日本生産性本部『レジャー白書2018』

ことから、国民の宿泊旅行市場は確実に縮小している。しかし圧倒的に大きな市場であるだけに、今後とも高齢者による旅行ニーズへの対応や、働き方改革の潮流とも関連する旅行需要活性化に向けた取組みに引き続き注目していきたい。

　一方、国民の宿泊旅行市場の縮小に対する補完として外国人旅行市場拡大への期待は高まり、実際にその数は急増している。今後の展望において重要なのは、外国人旅行市場の拡大によってもたらされる様々な質的な変化に対する認識であろう。各地ではこれまでになかった国際的・文化的な交流をきっかけとした効果や課題が生まれている。例えば、これまで日本人が気づかなかったり、当たり前になっているモノやコト、景色に新たな観光的価値が発見されたり、それによって地域における技術や文化の伝承、継続が可能になるような現象は国際観光の特徴的な効果といえるだろう。

　しかし海外からの評価が高い観光地には、投資マネーも集まるものの、一方で違法民泊の問題などが発生している。この「民泊」については2018年施行の住宅宿泊事業法によって制度化されたばかりであり、今後の推移に注視していく必要がある。また過疎化が進む地方の観光地では、たとえ客が増えても従業員が確保できずに対応できないといった問題が深刻化しているケースもあり、単純に集客数の拡大だけを追うわけにはいかないという悩みが顕在化している。

3 旅行者ニーズの変化と様々なツーリズムの台頭

　旅行者のニーズは時代に応じて変化する。我が国の観光地、観光産業の基盤は第2次大戦後、1960年代から70年代にかけての高度経済成長期に築かれたということができ、職場の親睦を目的とする団体旅行や大阪万博（1970年）以降盛んになった家族旅行のニーズに応えて発展してきた。その後、旅行形態や目的は「団体旅行から個人・グループ旅行へ」

「『見る』から『する』へ」といわれる変化を遂げ、今日に至る。ここで
は、そうしたこれまでの流れに触れながら現在のマーケットの特徴を捉
え、今後を展望する。

（1）個人旅行のニーズ

　まず、公益財団法人日本交通公社の調査から、旅行形態（個人・団体）
に着目した旅行市場区分より、それぞれの総旅行件数に占めるシェアを
見ると、**図表3－10**のとおり、今やいわゆる団体旅行（町内会やサーク
ルなどの組織が募集する団体旅行や職場に関連した団体旅行）は、国内旅行
では全体の1割ほどでしかなく、これに対し、個人の観光旅行が半分を
占めている。ほかに「出張や業務旅行」17.0％、「帰省や家事のための
旅行」13.9％も団体旅行を上回っている。

　社団法人日本観光協会（現在、公益社団法人社日本観光振興協会）の『観
光の実態と志向』によると、1964年には「職場・学校の団体旅行」が
全体の約5割（47.5％）を占めていたという調査結果があり、当時の旅
行業、交通運輸業、宿泊業、飲食業等では、いかにまとまって効率よく
大量の団体客をさばくことができるか、均一的なサービスを提供できる

図表3－10　旅行形態に着目した旅行市場区分シェア

単位：％

市場区分	内容等	国内旅行	海外旅行
個人で実施する観光旅行	スポーツ旅行、旅行会社のパック旅行に参加した場合も含める。	52.7	53.9
帰省や家事のための旅行	冠婚葬祭関連を含む。	13.9	9.6
組織が募集する団体旅行	町内会、農協、郵便局、信金、宗教団体、サークルなどが募集する旅行。	5.8	8
出張や業務旅行	打ち合わせや会議、視察目的の旅行。	17	15.3
会社がらみの団体旅行	職場旅行、招待・報償旅行。団体で行動する旅行。	5.1	6.9
その他の旅行	上記以外	5.5	6.4

出典：公益財団法人日本交通公社『旅行年報2018』を基に筆者作成

かが勝負の決め手になっていたことがうかがえる。しかし、それが今では、市場の主役は個人旅行となり、また子どもから高齢者までそれぞれが異なるニーズ、期待を抱いて旅行している。

　現在の個人旅行マーケットについて詳しく見ると、まず個人の旅行は「誰と行くか」によって、出発日・時期（平日・週末、GW・夏休みなど）や内容（目的、利用交通手段など）などが大きく異なってくる。ライフステージにもよるが、1人の人が実に多様な旅行をする時代である。**図表3－11**は、旅行の同行者別に宿泊を伴う観光レクリエーション旅行の市場を捉えたもので、家族旅行が25.8％、夫婦・カップル旅行が34.3％、知人や友人との旅行が20.5％、一人旅が17.4％となっている。

　こうした市場環境の変化は観光産業に多大な影響を与える。団体旅行主流の時代、例えば旅館は客室当たり収容定員4、5名程度を基本とし、

図表3－11　宿泊観光レクリエーション旅行の市場区分（シェア、％）

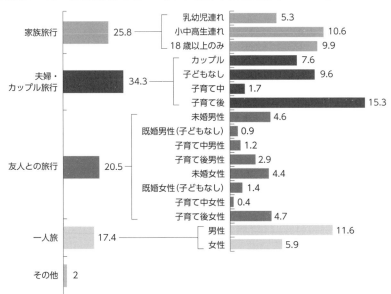

出典：公益財団法人日本交通公社『旅行年報2018』を基に筆者作成

数百人を収容する大宴会場を有していたが、二人での旅行が主流となり、同時に一人旅が増加傾向にある今日、大規模で特に古くから大型団体を主たる営業対象としてきた宿泊施設が抱える課題は大きい。

　さらに家族旅行や夫婦旅行に関して、子どもの有無や子どもの年齢により細分化して見ると、子育て後（末子が18歳以上）の夫婦旅行、小中高生連れの家族旅行のマーケットが大きいことがわかる。後者は夏休みなど子どもの学校の休日に左右されるのに対し、前者は平日に実施されることが多い（**図表3－12**）。

　旅行への期待として、旅行前に「最も楽しみにしていたこと」について見ても同行者やライフステージによる特徴があり、子育て後の女性友人旅行では約2割が「温泉」を挙げているのに対し、男性や一人旅ではその比率が低く、小中高生連れの家族では、「観光・文化施設（水族館や美術館、テーマパークなど）の訪問」目的が多くなっている（**図表3－13**）。

　観光地・観光産業の政策・施策には、以上のような旅行者像の把握に基づいた、きめ細かなターゲット設定と戦略・戦術が求められる。

図表3－12　同行者×ライフステージ別の出発日

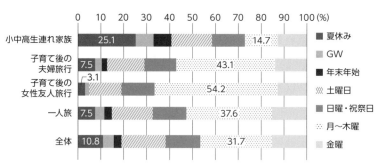

（注）「子育て後」は末子が18歳以上
出典：公益財団法人日本交通公社『旅行年報2018』を基に筆者作成

図表 3 − 13　同行者×ライフステージ別旅行で「最も楽しみにしていたこと」

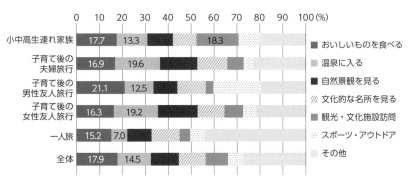

（注）「子育て後」は末子が18歳以上
出典：公益財団法人日本交通公社『旅行年報2018』を基に筆者作成

（2）体験、交流と、新しいツーリズム

　個人旅行が盛んになると、個人の様々な趣味・関心に応じて旅行のテーマは多様化し、著名な観光資源や珍しいものを見てめぐるタイプの観光だけでなく、スポーツを楽しんだり、自然生態・環境や地域の生活文化に触れるような、主体的な体験や交流、学びの要素が求められるようになった。

　人々が観光に求めるものは海外諸国でも変化しており、我が国で用いられる用語や考え方も海外の影響を受けている。

　第2次大戦後、先進諸国で一般大衆が観光旅行に出かけるといった社会現象（マスツーリズム）が見られるようになると、大量の観光客による自然環境の汚染や破壊、地域文化の変容など観光地に及ぼす弊害が顕在化した。そこでこうした諸問題を踏まえ、マスツーリズムに対する「新しい観光」が注目されるようになった。それまでの観光に代わる「新しい観光」として英語圏ではオールタナティブツーリズムという概念が提唱され、その一つとしてエコツーリズムがあり、またエコツーリズムも含めて「持続可能性」という観点から、サステイナブルツーリズムなどが提案されるようになる。

　我が国では、2005年頃から地域の観光振興に関連したキーワードとして「ニューツーリズム」という言葉が使われ始めた。この用語を最初に打ち出した観光庁は「ニューツーリズム旅行商品　創出・流通促進事業　ポイント集（平成21年度版）」において、「ニューツーリズムについては、厳密な定義づけは出来ないが、従来の物見遊山的な観光旅行に対して、テーマ性が強く、体験型・交流型の要素を取り入れた新しい形態の旅行を指す」としている。

　テーマとしては、産業観光、エコ・ツーリズム、グリーンツーリズム、ヘルスツーリズム、ロングステイ、文化観光等が挙げられている（**図表3－14**）。これまで観光資源として気づかれていなかったような地域固有の資源を新たに活用しようとすることから、ニューツーリズムは地域

図表3－14　主なニューツーリズムの概要

産業観光	歴史的・文化的価値のある工場等やその遺構、機械器具、最先端の技術を備えた工場等を対象とした観光で、学びや体験を伴うもの
エコ・ツーリズム	観光旅行者が、自然観光資源について知識を有する者から案内又は助言を受け、当該自然観光資源の保護に配慮しつつ当該自然観光資源と触れ合い、これに関する知識及び理解を深めるための活動
グリーンツーリズム	農山漁村地域において自然、文化、人々との交流を楽しむ滞在型の余暇活動であり、農作業体験や農産物加工体験、農林漁家民泊、さらには食育などがこれに当たる
ヘルスツーリズム	自然豊かな地域を訪れ、そこにある自然、温泉や身体に優しい料理を味わい、心身ともに癒され、健康を回復・増進・保持する新しい観光形態であり、医療に近いものからレジャーに近いものまで様々なものが含まれる
ロングステイ（長期滞在型観光）	団塊世代の大量退職時代を迎え国内旅行需要拡大や地域の活性化の起爆剤として期待されるものであるとともに、旅行者にとっては地域とのより深い交流により豊かな生活を実現するもの
文化観光	日本の歴史、伝統といった文化的な要素に対する知的欲求を満たすことを目的とする観光

出典：観光庁「ニューツーリズム旅行商品　創出・流通促進ポイント集（平成21年度版）」（2010年3月）を基に筆者作成

活性化につながるものとして期待されるようになった。

　このような体験型観光やニューツーリズムの台頭は、地域における「観光関係者」の顔ぶれを拡げ、多様化させ、すなわちNPOや農林漁業者、商工業者等も観光事業に参画するようになった。地域資源の再発見や商品開発、旅行者が期待する、深みのある、また感動的な観光体験の提供は、旅行業や宿泊業等いわゆる観光産業関係者だけでは担えない。地域住民の主体的な関与により具現化可能なものとなるのである。

（3）社会の課題と観光

　大量の観光客による画一的な観光利用に伴う弊害を踏まえて新しい観光のトレンドが生まれたことは先述したとおりである。特に1990年代、地球規模の環境問題への関心の高まりとともに、地域の持続可能な発展を強く意識した環境共生型の観光が注目されるようになった。「持続可能性＝サステイナブル（sustainable）」は観光分野でも注目のキーワードとなってきた。

　2015年、国連はSDGs（Sustainable Development Goals ＝持続可能な開発目標）を採択し、世界の共通課題として「地球に住むすべての人が今よりももっと暮らしやすい社会の実現」を挙げると、観光に関しても、2017年を「開発のための持続可能な観光の国際年（International Year of Sustainable Tourism for Development）」とした。

　今日、世界の観光旅行量はますます増大しており、自然環境や歴史資源維持への影響の問題に加えて、「オーバーツーリズム」という言葉に象徴されるように大量の観光客の来訪により日常生活に影響をこうむる観光地の住民による「反観光」運動も現れ始め、「サステイナブルであること」の重要性は一層増している。

　SDGsでは「誰も置き去りにしない」ことを目標にし、「明日の日本を支える観光ビジョン」（2016年、明日の日本を支える観光ビジョン構想会議（議長：内閣総理大臣）策定）でも「すべての旅行者が、ストレスなく快

適に観光を満喫できる環境づくり」を掲げている。例えば今後ますます、ユニバーサル・ツーリズム（障がい者・高齢者等の旅行促進）への取組みも必要になるであろうし、そうした取組みで先進性を獲得することで旅行対象地としての魅力・地位も高まる。

　これからは社会課題に無関心な企業や地域は評価されない時代になる。「観光を持続可能なものにする」のみならず、持続可能な社会に向けて「社会課題を解決する観光」が求められている。地域貢献・社会貢献に資する観光に関わるアイデア、そして地域での実践が重要となる。

【参考文献】

観光庁「旅行・観光消費動向調査2018年年間値（確報）」（2019年4月26日）1〜2頁
観光庁「旅行・観光消費動向調査平成28年年間値（確報）」（2017年4月28日）2、4頁
観光庁「旅行・観光消費動向調査2018年集計表」（2019年4月）第1表、第3表、第4表、第5表、第7表
観光庁「2017年旅行・観光産業の経済効果に関する調査研究」（2019年3月）7、334頁
観光庁「2010年旅行・観光産業の経済効果に関する調査研究」（2012年3月）173頁
杉山武彦「地域連携を育み地域経済を支える観光」観光文化225号（2015年4月）1頁
小磯修二「経済波及効果分析の意義と役割（特集　観光の経済波及効果を高めるには）」観光文化225号（2015年4月）2〜8頁
塩谷英生「観光の経済効果調査50年の系譜とこれから（特集　観光の経済効果を高めるには）」観光文化225号（2015年4月）9〜16頁
観光庁「平成26年版 観光白書」（2014年6月）8頁
観光庁「令和元年版 観光白書」（2019年6月）19、225頁
公益財団法人日本交通公社『旅行年報2018』（2018年）10、11、31、34、138頁
公益財団法人日本交通公社『旅行年報2016』（2016年）132頁
公益財団法人日本交通公社『旅行年報2015』（2015年）138頁
社団法人日本観光協会『観光の実態と志向　第6回 国民の観光に関する動向調査』（1975年3月31日）19頁
観光庁「ニューツーリズム旅行商品　創出・流通促進事業　ポイント集（平成21年度版）」（平成22年3月）2〜4頁
尾家建生「ニューツーリズムと地域の観光産業」大阪観光大学紀要第10号（2010年）26頁

第 **4** 章
訪日外国人旅行者の動きを知る

・・

2018年の訪日外国人旅行者数は3,119万人を数え、過去最高となった。

現在に至るまで、我が国では国際観光政策が国際収支の状況と密接に関係している。そこで本章では我が国の国際観光政策の変遷についてまず紹介する。その上で、インバウンドの動向について、訪日外国人旅行者の数的推移、国籍・地域別に見た動向、外国人旅行者の消費実態、日本国内での旅行先、買物実態などを説明する。

インバウンドの振興に伴い、経済的効果と社会的・文化的効果がもたらされる。経済的効果には観光関連産業やその取引先にもたらす消費波及効果もあれば開発投資に伴う波及効果もある。社会的効果には「正」の効果もあれば「負」の効果もある。これらについて詳しく説明し、最後にインバウンドの振興に向けた課題を指摘する。

1 我が国の国際観光政策の移り変わり

（1）インバウンドの黎明期

　我が国が積極的にインバウンドの振興に取組むようになったのは明治時代の半ばである。訪日外国人旅行者の誘致、歓待、日本国内旅行に関わる利便性の改善等を目的として、渋沢栄一などを中心に小規模の民間組織ながら喜賓会が1893年に設立された。さらに1912年にはより確固たる外客誘致・外貨獲得・外客受け入れ体制を整えようということで、鉄道院と民間の出資によりジャパン・ツーリスト・ビューローが創立される。現在のJTBの前身組織である。

　昭和に入ると、1930年に中央政府の中で初めて「観光」の名がつく行政組織、国際観光局が鉄道院の外局として設立され、外客誘致の促進と海外観光宣伝、国内観光・宿泊・案内事業者の事業改善指導等を担った。京都市が全国に先駆けて市行政組織に観光課を創設したのも同じ年である。

（2）インバウンドの拡大期

　第2次大戦後、戦後の産業復興の一環でインバウンドの振興は重要な国策となった。制定以後、数次にわたる改正が行われているとはいえ、国際観光ホテル整備法（1949年）や通訳案内士法（1949年）など、インバウンド振興の根幹に関わる法律がつくられたのは第2次大戦後のこの時期である。

　1950年代後半からは太平洋線へのジェット機の就航（1959年）、東京オリンピックの開催（1964年）、東京オリンピック開催を契機とするホテル建設ラッシュなどを背景にインバウンドは拡大していく。1963年に公布された観光基本法でも、国民経済の発展・国民生活の安定向上とともに、国際親善の増進、国際収支の改善のための外客誘致が位置付け

られている。ここで注目すべき点は「国際収支の改善のための外客誘致」
である。その後のインバウンド政策の位置付けが国際収支の状況に大き
く左右されていくからである。

（3）アウトバウンドの重視期

　1970年代に貿易収支が改善し、黒字基調に変わり、さらに貿易黒字が
大きく増加した。国際収支が大幅に良化するに伴い、インバウンド振興
による外貨獲得の必要性は低下する。輸出で得た外貨の流失につなが
る、国民の海外旅行が自由化されたのは、貿易収支が改善に向かう1960
年代半ばの1964年のことであった。

　1980年代に入り、我が国を訪れる外国人観光客が安心して一人歩きを
楽しめることを目的とし、当時の運輸省が国際観光モデル地区整備に取
り組んだ（1984年）。しかし、我が国の貿易黒字に対する米国等からの
批判もあり、国際観光政策はアウトバウンド振興へと重心が移ってい
く。国際収支上の黒字を縮減するために1986年に打ち出された（国民の）
「海外旅行倍増計画（テン・ミリオン計画）」が象徴的である。

（4）インバウンドとアウトバウンドのバランス促進期

　1990年代に入ると、「観光交流拡大計画（Two Way Tourism 21）」（1991年）
が策定され、「ツーウェイ」、すなわちインバウンドとアウトバウンドの
バランスのとれた発展を目指し、国際観光交流におけるインバウンドの
重要性が見直されることとなった。

　1996年には「ウェルカムプラン21（訪日観光交流倍増計画）」で10年間
で訪日外国人旅行者数を倍増させることが目標に掲げられ、我が国の魅
力的な観光イメージづくり、きめ細かな観光マーケティング施策が謳わ
れた。1997年に施行された「外国人観光旅客の旅行の容易化等の促進
による国際観光の振興に関する法律」もそうした取組みの一環であり、
外国人旅行者の国内旅行費用の低廉化や接遇の向上等の施策が推進され

ていく。

（5）観光立国へ向けたインバウンド再重視期

　2002年には国土交通省が「グローバル観光戦略」を策定し、外国人旅行者の訪日促進に向けた「ビジット・ジャパン・キャンペーンの推進」や「査証取得の負担の軽減」（査証要件の緩和）等の施策を打ち出した。この「ビジット・ジャパン・キャンペーン」は国・地方・民間が共同して取り組む戦略的なキャンペーンであり、査証要件の緩和とともに、その後のインバウンドの拡大に大きく寄与した施策といえる。

　さらに、当時の小泉内閣により観光及びインバウンドの振興が国の政策として明確に打ち出され、「観光立国行動計画」の策定（2003年）、「観光立国推進基本法」の施行(2007年)、「観光立国推進基本計画」の策定(2007年）へとつながっていく。その後の流れは、「第2章2　観光立国への流れと政策及び施策の概要」に記したとおりである。

2 インバウンドの動向

（1）訪日外国人旅行者数の推移

　2018年の訪日外国人旅行者数は、6年連続で過去最高を更新する3,119万人となり（**図表4－1**）、我が国インバウンド史上初めて3,000万

図表4－1　訪日外国人旅行者数の推移

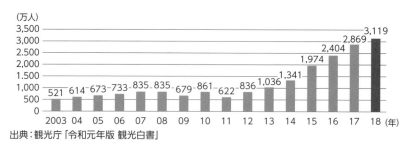

出典：観光庁「令和元年版 観光白書」

人を超えた。

　訪日外国人旅行者数が増加傾向を維持する背景には、東アジアや東南アジア諸国・地域の経済成長に伴うアウトバウンド志向の増大、我が国におけるインバウンド振興へ向けた諸施策の推進がある。具体的には、査証要件の緩和やCIQ（Customs：税関、Immigration：出入国審査、Quarantine：検疫）体制の強化、国際空港・港湾機能の整備、外国人旅行者向け消費税免税制度の充実、多言語表記への配慮等の外国人旅行者の受け入れ環境整備の進展、JNTO（日本政府観光局）をはじめとする官民が連携したインバウンド・プロモーションの展開である。こうした施策に相まって、海外と結ぶLCCや大型外航クルーズ客船の就航も拡大し、訪日旅行需要を喚起している。

（2）国籍・地域別に見た訪日外国人旅行者の動向

①　国籍・地域別の旅行者数

　国籍・地域別に2018年の訪日外国人旅行者数を見ると、中国が838万人と最も多く、全体の26.9％と４分の１あまりを占めている。次いで韓国754万人（24.2％）、台湾476万人（15.3％）、香港221万人（7.1％）、米国153万人（4.9％）、タイ113万人（3.6％）となっている（**図表４－２**）。

　方面別にシェアを捉えると、東アジアが73.4％であり全体の４分の３と圧倒的多数を占める。東南アジアは10.7％、欧米（含む露）豪はあわせて11.7％である。傾向的には経済成長が著しいASEAN諸国や、近年、観光庁がプロモーションに注力している欧米豪のシェアが拡大している。ASEAN主要６か国（タイ、シンガポール、マレーシア、インドネシア、フィリピン、ベトナム）は合計333万人と300万人台に乗り、中でもタイは100万人を超えた。欧州（含む露）は172万人で米国と同じ規模であり、英国・フランス・ドイツ・イタリア・スペインの５か国をあわせて112万人となっている。豪州は55万人を数える。

図表4-2　訪日外国人旅行者の国籍・地域別内訳（2018年）

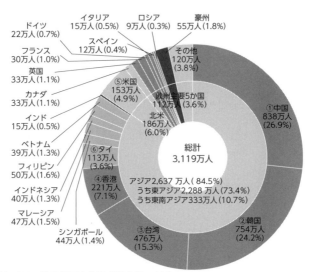

（注1）（）内は、訪日外国人旅行者数全体に対するシェア。
（注2）「その他」には、アジア、欧州等各地域の国であっても記載のない国・地域が含まれる。
（注3）数値は、それぞれ四捨五入によっているため、端数において合計とは合致しない場合がある。
出典：観光庁「令和元年版 観光白書」

②　国籍・地域別に見た旅行消費額と1人当たりの支出

(ア)　旅行消費額

　訪日外国人旅行者数の増加により、その旅行消費額も増大化をたどっており、2018年に4兆5,189億円に上った（観光庁「訪日外国人消費動向調査」）。これは2012年の1兆846億円の4.2倍に相当し、この間の訪日旅行者数の増加が3.7倍であることから、旅行者数の伸びを上回る勢いで消費額が増大していることがわかる。

　費目別に見ると、買物代1兆5,763億円、宿泊費1兆3,212億円と、買物代が宿泊費を上回っている（**図表4-3**）。2012年に比し、買物代は旅行消費額全体の伸びを超える4.6倍となっていることからも、訪日外国人客による「ショッピング・ツーリズム」の盛り上がりが顕著に表れている。

図表4−3　訪日外国人旅行者旅行消費額 (総額および費目別)

	2012年 (平成24年)	2018年 (平成30年)	増加幅	倍
訪日外国人旅行者数	(万人) 836	(万人) 3,119	(万人) 2,283	3.7
訪日外国人旅行消費額	(億円) 10,846	(億円) 45,189	(億円) 34,343	4.2
宿泊費	3,713	13,212	9,499	3.6
飲食費	2,229	9,783	7,554	4.4
交通費	1,179	4,674	3,495	4.0
娯楽サービス費	293	1,738	1,445	5.9
買物代	3,406	15,763	12,357	4.6

出典：観光庁「令和元年版 観光白書」

　国籍・地域別に見ると、中国が1兆5,450億円で全体の34.2％と全体の3分の1を占めている。次いで韓国5,881億円（13.0％）及び台湾5,817億円（12.9％）がほぼ並び、以下、香港3,358億円（7.4％）、米国2,893億円（6.4％）の順である。

(イ)　1人当たり平均旅行支出

　訪日旅行者1人当たり平均の旅行支出は、2018年に15万3,029円であった。費目別には買物代が5万1,256円、宿泊費4万5,787円、飲食費3万3,748円などとなっている。

　国籍・地域別に見ると、豪州が最も多い24万2,041円で、20万円を超すのは中国を別にすれば、スペイン・イタリア・英国・フランスの欧州諸国である（**図表4−4**）。

　中国は買物代が1人当たり11万2,104円となっており、訪日旅行者1人当たり平均買物代の5万1,256円の約2.2倍ものショッピング消費である。

　宿泊費は、英国、豪州、スペイン、イタリア、フランス、ドイツ、米国等の欧米豪の国々が多い。これらは我が国における滞在日数が長めであることと関連している。加えて1泊当たりの平均宿泊費も豪州7,457円、英国7,296円、スペイン6,472円、米国6,095円、ドイツ6,083円と、韓国

図表4−4　訪日外国人旅行者1人当たり平均旅行支出（2018年）

国籍・地域		総額	前年比	宿泊費	飲食費	交通費	娯楽等サービス費	買物代	その他	平均泊数
	全国籍・地域	153,029	-0.6%	45,787	33,748	16,160	6,011	51,256	67	9.0
一般客	韓国	78,084	+8.8%	24,974	19,961	7,636	3,917	21,549	47	4.4
	台湾	127,579	+1.4%	35,312	28,190	13,548	5,059	45,441	30	6.8
	香港	154,581	+1.0%	45,625	36,887	16,683	5,063	50,287	36	6.3
	中国	224,870	−2.4%	47,854	39,984	16,834	7,998	112,104	95	9.7
	タイ	124,421	−1.7%	36,836	27,740	15,033	4,416	40,248	149	8.8
	シンガポール	172,821	+5.2%	63,311	41,406	19,890	6,467	41,691	54	8.3
	マレーシア	137,612	+1.4%	44,950	30,400	16,371	6,466	39,422	3	10.2
	インドネシア	141,419	+9.3%	48,117	29,156	20,946	5,585	37,599	17	12.1
	フィリピン	121,921	+7.3%	31,448	30,074	14,459	6,077	39,596	268	24.6
	ベトナム	188,376	+2.8%	55,818	43,846	18,900	5,923	63,649	240	38.0
	インド	161,423	+2.5%	75,371	34,026	21,864	3,747	26,415	0	18.9
	英国	220,929	+2.6%	100,691	56,050	33,172	8,341	22,641	34	13.8
	ドイツ	191,736	+5.2%	84,555	47,536	28,333	5,974	25,250	87	13.9
	フランス	215,786	+1.6%	85,544	56,933	33,438	7,358	32,472	41	18.4
	イタリア	223,555	+16.8%	87,652	57,803	39,204	7,552	31,057	287	15.2
	スペイン	237,234	+11.6%	92,543	62,129	42,159	7,620	32,783	0	14.3
	ロシア	188,256	−5.5%	62,710	43,837	22,038	7,973	51,554	143	17.2
	米国	191,539	+5.2%	82,286	50,630	27,318	7,865	23,406	34	13.5
	カナダ	183,218	+2.1%	74,857	47,469	27,579	7,993	25,176	144	12.1
	オーストラリア	242,041	+7.2%	99,175	58,878	34,892	16,171	32,688	236	13.3
	その他	199,728	−6.1%	84,529	48,463	29,455	6,354	30,912	14	15.9
クルーズ客		44,227	−	24	1,928	465	179	41,627	5	0.7

（注）2018年より調査方法を変更したため、「前年比」は参考値
出典：観光庁「令和元年版 観光白書」

5,676円、台湾5,193円、中国4,933円などに比べ高額である。

(ウ)　買物の実態

　観光庁「訪日外国人消費動向調査」より訪日旅行者の買物消費の実態について費目別に捉えると、**図表4−5**のようになる（2018年）。購入率が高いのは菓子類で、訪日旅行者全体の68.0%が購入している。次いで化粧品・香水（41.6%）、医薬品（36.4%）がよく買われている。ただし当該品目を購入した旅行者1人当たり平均の当該費目に関する支出額を見ると、品目の性格もあって宝石・貴金属が6万1,878円と最も高く、

図表4−5　買物支出の費目別内訳（主要国籍・地域、2018年）

国籍・地域 費　目	全国籍・地域 購入率	購入者単価(円)	韓国 購入率	購入者単価(円)	台湾 購入率	購入者単価(円)	香港 購入率	購入者単価(円)	中国 購入率	購入者単価(円)	米国 購入率	購入者単価(円)
菓子類	68.0%	8,353	82.5%	6,003	73.6%	8,899	63.6%	9,171	70.1%	10,431	39.6%	6,751
酒類	20.3%	7,211	29.5%	5,090	17.8%	5,440	15.0%	7,288	13.1%	11,230	24.2%	8,789
生鮮農産物	7.3%	5,165	2.3%	5,626	16.3%	3,626	20.5%	4,031	5.4%	7,024	4.1%	6,700
その他食料品・飲料・たばこ	34.9%	8,976	36.3%	4,580	40.8%	7,536	38.1%	8,931	32.2%	12,504	30.8%	11,269
化粧品・香水	41.6%	30,861	31.2%	8,553	40.7%	13,835	45.9%	20,341	79.5%	54,224	7.1%	11,329
医薬品	36.4%	13,886	43.0%	5,948	56.9%	14,473	42.8%	9,473	49.0%	23,490	2.9%	6,330
健康グッズ・トイレタリー	16.3%	15,042	12.8%	6,276	30.5%	13,570	20.3%	9,715	22.5%	24,876	3.8%	6,784
衣類	35.5%	19,393	23.6%	12,816	41.0%	14,090	53.9%	21,696	35.8%	30,890	30.4%	14,888
靴・かばん・革製品	20.1%	23,779	9.8%	12,462	21.3%	15,536	32.1%	20,323	25.2%	41,374	9.1%	14,410
電気製品	9.7%	31,168	2.7%	32,095	17.8%	24,371	5.6%	21,178	18.0%	37,082	3.7%	25,681
時計・フィルムカメラ	3.7%	53,641	1.5%	23,783	2.1%	29,257	2.5%	42,037	6.5%	85,891	0.9%	47,967
宝石・貴金属	1.4%	61,878	0.8%	42,317	0.5%	93,424	0.8%	55,190	1.8%	123,813	3.7%	22,084
民芸品・伝統工芸品	8.5%	10,511	4.9%	4,279	8.3%	8,505	6.5%	12,262	6.2%	16,905	19.9%	12,597
本・雑誌・ガイドブックなど	4.5%	6,495	3.0%	5,686	3.7%	5,843	5.9%	4,956	3.3%	7,639	8.0%	7,317
音楽・映像・ゲームなどソフトウェア	3.2%	14,287	2.5%	9,580	3.3%	12,345	3.8%	15,430	3.5%	19,621	3.2%	11,834
その他買物代	7.3%	14,376	9.3%	9,094	3.9%	12,132	4.9%	25,062	3.6%	20,500	13.8%	15,096

出典：観光庁「訪日外国人消費動向調査」を基に筆者作成

　次に時計・フィルムカメラ5万3,641円、電気製品3万1,168円、化粧品・香水3万861円となっている。菓子類は8,353円ほどにとどまる。

　国籍・地域別に見ると、買物への支出が断然に多い中国人旅行者の場合、時計・フィルムカメラ（約8.6万円）、化粧品・香水（約5.4万円）、靴・かばん・革製品（約4.1万円）の消費単価が他の国籍・地域の旅行者に比べ目立って高い。中国人旅行者の79.5％もが化粧品・香水を購入し、1人当たり平均の支出も5万4,224円に上る。中国人旅行者は医薬品の購入率も高く（49.0％）、その支出も多い（2万3,490円）。

　その他、品目ごとの購入率においては、韓国で菓子類（82.5％）、台湾で医薬品（56.9％）と健康グッズ・トイレタリー（30.5％）及び生鮮農産物（16.3％）、香港で衣類（53.9％）と生鮮農産物（20.5％）となっている。菓子類を相対的に購入しない米国人旅行者は民芸品・伝統工芸品（19.9％）の消費性向が比較的強い。

（3）訪日外国人旅行者の訪問先

①　三大都市圏と地方圏とで見た訪問先

　観光庁「訪日外国人消費動向調査」より訪日外国人旅行者の訪問先を三大都市圏と地方圏とに分けて捉えると、2018年に三大都市圏のみを訪問先とした外国人旅行者は訪日旅行者全体の42.3％であり、地方圏を訪れた外国人旅行者は57.7％であった。2012年には前者が54.2％、後者が45.8％であったこと、この間、訪日外国人旅行者数そのものが大きく増えていることから、地方圏へも足を延ばす、また地方圏に位置する観光地を訪れることを訪日目的とする外国人旅行者の増加ぶりがよく示されている（**図表4－6**）。観光庁の推計によれば2018年に地方圏を訪れた外国人旅行者はおよそ1,800万人に上る。

②　外国人宿泊客数が多い都道府県

　観光庁「宿泊旅行統計調査」より2018年における（日本国内に住所を有しない）外国人宿泊客数（延べ）を都道府県単位で捉えると、最も多いのは東京都（2,177万人泊）、以下、大阪府（1,389万人泊）、北海道（818万人泊）、京都府（571万人泊）、沖縄県（525万人泊）、千葉県（406万人泊）、福岡県（316万人泊）、愛知県（291万人泊）、神奈川県（252万人泊）、山梨

図表4－6　訪日外国人旅行者の三大都市圏及び地方圏への訪問率

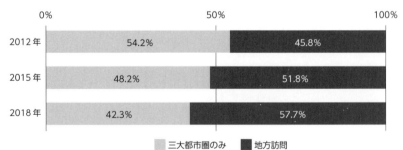

（注）三大都市圏：東京、神奈川、千葉、埼玉、愛知、大阪、京都、兵庫の8都府県
　　　地方圏：上記以外の39道県
出典：観光庁「令和元年版 観光白書」

県（219万人泊）等となっている。

　これらのほか、100万人泊を超えるのは静岡県（181万人泊）、長野県（146万人泊）、大分県（134万人泊）、岐阜県（123万人泊）、広島県（121万人泊）、兵庫県（117万人泊）である。いずれも我が国への主要ゲート都市を持つ、あるいは我が国を代表する観光地・温泉地・リゾート地を有する地域である。

3 インバウンド振興の効果

（1）経済的効果

①　訪日外国人旅行者による直接的な経済効果

　観光庁の推計によれば、2018年の日本人及び訪日外国人旅行者による日本国内における旅行消費額は、およそ26.1兆円である。先に見たとおり、訪日外国人旅行者による日本国内での消費額は約4.5兆円であることから全体の17.2%に相当する。

　ここでインバウンドを一つの外貨獲得・輸出産業として捉えると、2018年の訪日外国人旅行者消費額4.5兆円は自動車には及ばないものの、半導体等電子部品や自動車部品、鉄鋼を上回る規模である。財務省「貿易統計」によれば、2018年度における我が国の主要貿易品輸出額は自動車12.3兆円、半導体等電子部品4.1兆円、自動車の部分品3.9兆円、鉄鋼3.3兆円、原動機2.9兆円、半導体等製造装置2.6兆円等となっている。これより「インバウンドという輸出産業」の重みが理解できよう。

②　国際収支への寄与

　次に、我が国の国際旅行収支、すなわち日本人海外旅行者による海外での消費を「海外への支払い」、訪日外国人旅行者による日本国内消費を「海外からの受け取り」として見ると、日本銀行「国際収支統計」によると、2018年の国際旅行収支勘定は約2.4兆円の黒字である。我が国の国際旅行収支は数十年の長きにわたり赤字が続いたが、訪日外国人旅

行者数の飛躍的な増加、日本人海外旅行者数の伸び悩みとも相まって2015年に黒字転換を果たし、現在に至っている。

　近年の我が国の国際収支は原油価格の影響を受ける貿易収支の「ぶれ」によって左右されているが、2018年の経常収支は19兆932億円の黒字であった（速報ベース）。経常収支の黒字は海外投資に伴う所得収支の黒字に支えられている要素が強いが、国際旅行部門としても経常収支の黒字に対して1割強の寄与率となる。

③　一次及び二次的な消費波及効果

　こうした訪日外国人旅行者による国内消費波及効果は、宿泊業や飲食業、小売業等への直接的な一次効果にとどまるものではない。宿泊業はじめそれぞれが商取引を行う関連業種へ、つまり二次的に波及する。訪日旅行において自分や同行家族等が味わい、利用した日本産の食材・飲食料品や製品の質を評価し、帰国後に改めて購入するという波及効果もあろう。これなど我が国としても力を入れている農林水産物の輸出促進につながるものである。

④　開発投資波及効果

　観光関連の開発投資という面では、三大都市圏をはじめ北海道や沖縄等地方圏においても訪日外国人旅行者の宿泊需要に対応させた高級・高額ホテルの建設が進められてきた。その一方で低廉に利用できるゲストハウスなどの建設も増えている。宿泊業における設備投資の動きを見ると、2018年に対2012年比で1.84倍となっており、他業種と比べて、増え幅が相当高いという調査結果が観光庁により示されている（**図表4－7**）。こうした宿泊施設の建設事業主体には海外資本も目立ち、我が国として取り組む海外からの投資導入に寄与している。

　インバウンド需要に対応したこのような開発投資の高まりは地価にも影響し、商業地や住宅地の地価が上昇し、その結果、不動産価値が増加している都市・温泉宿泊観光地・スキーリゾート地が見られる。

図表4-7　宿泊業の設備投資の推移

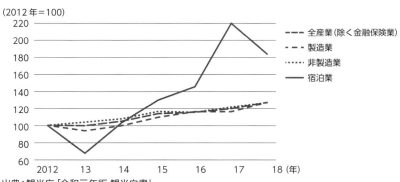

(2012年=100)

出典：観光庁「令和元年版 観光白書」

（2）社会的・文化的効果

① 外国人旅行者が地域にもたらした社会的影響

　観光庁が2019年2月に日本人約1万人を対象とし、さらにその中から1,000人を詳細調査のために抽出して実施したアンケート調査によれば、訪日外国人旅行者の増加が観光地にもたらした好影響として、「Wi-Fiが整備された」（31.5％）、「店舗が増えるなど、賑わいが生まれた」（24.7％）などが挙げられている（**図表4-8**）。「トイレなどの設備が改善された」「道路など、まちなかが整備された」もそれぞれ10％強見られる。これらは地域住民にとっても生活環境の向上効果といえる。

　その一方で訪日外国人客の増加、そして特に特定の観光地への訪問集中がもたらすマイナス効果もある。住民の通勤・通学・通院・買物などのために日常的に利用されている都市内の路線バスや、沿線住民の生活交通としても供されている鉄道の混雑が住民生活の利便性・快適性を損ねているケースもある。訪日外国人客の宿泊・滞在において出るゴミや騒音等、地域の生活規範に関わる社会的問題も生じている。これらはいわば「外国人対応観光地のマネジメント」のあり方に関わる問題といえる。

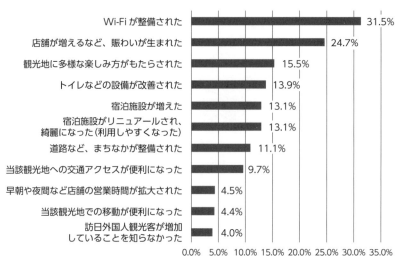

図表4-8　外国人旅行者が観光地にもたらした好影響

（注）調査時点2009年2月
出典：観光庁「令和元年版　観光白書」

②　相互の文化理解の促進

　訪日外国人旅行者の増加により、旅行者数の多寡の違いはあっても、全国各地で外国人旅行者を見かけるようになった。それだけに様々な場面で日本人が外国人に接することが多くなっている。興味本位による取り上げ方も見られるが、テレビでも外国人旅行者による訪日旅行行動を取り上げる番組が日常的に放映されている。

　外国人観光客の存在が日常的なもの、身近なものとなることにより住民の間に困惑が生じることも多々ある。特に、ビジネスの最前線で対応する観光関連産業従事者にとっては、外国人旅行者の言動に戸惑うことも多いだろう。しかし、訪日外国人観光客との交流は、そういった戸惑いや困惑を通して自己を顧みる機会となる。なぜ戸惑うのか、なぜ困惑を感じるのかを内省することは、異文化に対する気づき、寛容性の修得につながる。訪日外国人旅行者も我が国の伝統的な文化、生活文化、日

本人の社会生活における規範意識等に触れ、日本という国、国民性を理解してくれる。こうした相互の文化理解効果は数値ではなかなか表せないが、非常に大きいものであろう。

　UNWTOの「インターナショナル・ツーリズム・ハイライト2019」(2019年8月)では世界における近年の旅行の潮流の一つとして、「自分を『変えるため』の旅行 – 地元の人達と同じ様に暮らし、本物の体験を追求し、自分を変える」旅行を挙げている。旅行をとおして地域の人々の暮らしに触れ、地域の人々と触れあう中で旅行者自身が変わっていく旅行が志向されているという意味である。外国人旅行者と真摯に向き合うことは、居ながらにして「『変えるため』の旅行」をすることにもなるのである。

4 今後の課題

　本章の終わりに、地域がそれぞれの特性を生かしながら今後ともインバウンドの振興を図っていく上で基本的な課題となる事項として下記の3点を指摘しておきたい。

①　今後の世界的な観光の流れ、そして国の動きを踏まえて

　UNWTOによる前述の発表では、2018年の世界全体の国際観光客(到着)数は対前年5％増、14億人に達した。これは2030年には約18億人に達すると見込むUNWTO自身の長期予測より2年早いペースでの(途中段階での)到達である。UNWTOはとりわけアジア・太平洋地域での国際観光需要の急激な増大を見通している。我が国政府としても2030年に訪日外国人旅行者数6千万人という長期目標を打ち出している。

　UNWTOは世界における近年の旅行の潮流を捉える視点として、(前述した)「自分を「変えるため」の旅行」、「人に「見せる」ための旅行」(インスタ映えするような瞬間・体験・デスティネーション等を求める旅行)、「健康な生活」(ウォーキング・ウェルネス・スポーツ)の追求、「アクセスエ

コノミー」（筆者注：シェアリングエコノミーとほぼ同義）の普及、「一人旅・複数の世代による旅行」、「持続可能性への意識」（プラスチックゴミ減量や気候変動への対応・貢献）の向上を挙げている。

今後、これらの動きや視点をどのように地域のインバウンド振興の戦略・施策に取り入れていくかが、基本的かつ重要なポイントといえる。

② **地域での「楽しみ方」「時間の過ごし方」の提案と「体験観光商品」の開発**

それぞれの地域ならではの楽しみ方・時間の過ごし方に関する情報発信・提供が今後の課題である。特に外国人旅行者に対しては、内容だけでなく、どんな言語を使うか、その媒体は何かなど、手段・手法も重要である。地域側として「楽しませ方」「時間の過ごさせ方」を工夫し、提案していく必要がある。これは観光庁が提唱する「多様なコンテンツの開発」といい換えることもできる。このことは訪日外国人旅行者のFIT化、リピーター化の進展への対応と密接に絡んでくる課題である。

望むべくは、そうした「提案」の「体験観光商品化」であり、「コト消費に対応した観光商品開発」である。地域での観光消費の拡大にはこうした取組みが必須である。近年、外国人旅行者のニーズが高いとされるナイトエコノミーの活性化に向けた取組みの必要性が指摘されているが、それぞれの地域条件を踏まえつつ、地域特性を生かした「夜のエンターテインメント」開発として捉えたい。これは外国人旅行者ばかりではなく、日本人旅行者への宿泊魅力の訴求という点でも重要である。

③ **異文化理解の意義及び効果に関する理解の促進**

インバウンドの振興はともすると経済的な側面ばかりが重視されがちである。しかし地域として外国人旅行者の受け入れを促進していくために必要なことは、観光関連産業従事者、そして一般住民の異文化に対する理解と認識である。誘致に向けたマーケティングも、地域での受け入れ体制も、そして「楽しみ方」や「時間の過ごし方」の提案と「体験観光商品」の開発も、そのベースはそれぞれの外国人旅行者の背景にある

文化に対する認識と理解である。

　経済・社会の国際化が当たり前になっている現在、地域において「グローバル人材」を育てていく上で、外国人旅行者との触れあいをとおした異文化との接触は良い機会である。そうした「接触」をより円滑かつ効果的なものとしていく考え方と具体的な方策については「第8章」を参照されたい。

【参考文献】
寺前秀一編著『観光学全集第9巻 観光政策論』（原書房、2009年）95 ～ 103頁
観光庁「観光白書」
国連世界観光機関（UNWTO）『International Tourism Highlights 2019 Edition』（2019年8月）

第5章
観光産業のプレイヤー達

・・・

観光産業は、宿泊業や観光レクリエーション施設、観光物産販売業、旅行業、交通運輸業等、様々な業種から構成され、その事業特性はそれぞれで異なる。旅行者の着地側である観光地に立地する観光産業には「様々なサービス業を所定のコンセプトで組み合わせた産業である」などの共通事項もある。本章ではまずこの点について説明する。

その上で、観光産業の中でも主要な産業である宿泊業、旅行業、交通運輸業を取り上げて事業特性や今後の事業課題を詳説する。とりわけ宿泊業については観光地に立地する宿泊施設の経営課題と今後のあり方、旅行業についてはオンライン・トラベルエージェントの動向に加えて、旅行業と地域の関わり方、交通運輸業については地域における観光交通の課題と今後の対応のあり方を取り上げる。

1 観光産業の事業特性

　観光産業は旅行者の着地側で事業を営む宿泊業や観光レクリエーション施設、観光物産販売業、ガイド・インストラクター業等、また主として旅行者の発地側で事業を営む旅行業等、そして主に発地と着地とを結ぶサービスを提供する交通運輸業等から構成される。

　それぞれを代表する宿泊業・旅行業・交通運輸業の特性については次節以下で詳しく述べ、ここでは旅行者の着地側である観光地に立地する観光産業に共通する事業特性について概括的に説明する。

（1）様々なサービス業を所定のコンセプトで組み合わせた産業であること

　観光産業は飲食業や土産品販売業等のように単独の業種として成立している事業もあるが、多くは複数の業種が組み合わされている。例えばリゾートホテルは、客室の提供に加えてレストランやバー等の飲食業、土産品店などの小売業、スポーツ施設としてのプールやテニスコート、健康施設としての大浴場、そしてこれらの施設の利用を支援するスポーツインストラクター、マッサージ師等により成り立っている。

　そしてこれらの商品は各々がバラバラに事業展開しているわけではなく、所定の統一されたコンセプト（商品の基本的考え方）のもとに各機能が配置され、快適な空間が提供されると同時に、常に一定の品質（施設・設備・サービス水準）を維持できるよう、事業者が管理運営を行っている。このように様々な業種を所定の統一コンセプトでとりまとめ、ハード及びソフト面の品質を一定の水準で維持・管理できる集合体（組織）とし、価格水準と対応させることで魅力ある宿泊施設や観光レクリエーション施設が形成される。

　このため観光産業の経営には複数の業種にまたがる経営ノウハウが必

要とされ、同時にターゲット客層に合わせて全体をとりまとめるコンセプト構築能力とマーケティング能力が重要になる。

（2）イメージ訴求と事前の情報提供が「決め手」となる産業であること

　観光産業が提供するサービス商品は「目には見えない」「事前に試すことができない」「経験しないとその価値がわからない」商品である。それだからこそ、すでに同一商品を購入している、当該地域・施設への訪問経験者による評価情報をSNSを含め「口コミ情報」として人は参考にするのである。

　したがって、観光産業は立地する観光地を含めて「利用してみたくなるイメージ訴求」と、「利用者が享受できるサービスに関する正確な情報提供」、そして「サービスの品質管理を十分に行い利用者の満足度を維持すること」が重要となるのである。

（3）需要の変動が大きい産業であること

①　観光産業に宿命的な需要変動

　観光産業は、需要の曜日変動及び季節変動、さらに時間変動が大きい。需要の曜日変動の主因は休日制度にある。近年、働き方の多様化により休日の取り方が柔軟になってきた。また、健康寿命も長くなりリタイア後の平日に旅行できる人が増えている。しかしながら、全体的に見れば、まだまだ平日と休日とでは需要の発生度合いは異なっている。

　需要の季節変動の主因は、市場側においてはゴールデンウィーク、夏季休暇、さらに政策的な3連休化の促進などによる連続休暇制度が挙げられる。観光地側における観光地特性も季節変動の要因である。例えば海浜観光地や島嶼部、山岳・（スキー場を持たない）高原観光地のような自然資源依存型の観光地の場合は夏季に利用が集中する。また、時間変動は、観光産業に限らず、消費者個人を相手にするサービス業では時間帯によって需要の多寡が生じるという問題を引き起こす。

　観光産業等のサービス産業は製造業とは異なり、生産（サービスの提供）と消費が同時に行われるため商品在庫を持つことができない。そうした中でとりわけ曜日変動及び季節変動が観光産業に与える影響は大きく、結果的に観光産業の生産性は低くなる。

②　需要変動への対応とターゲット・ミックス

　こうした曜日変動や季節変動に関する対応としてまず考えられるのは、オン日・期に集中する顧客をオフ日・期へと誘導する販売促進策である。割引料金等による価格誘導、特典付与等のキャンペーンやイベント開催がこれに当たる。ただしこれらは基本的に割引額やイベント費用が収益を圧迫する傾向に陥りやすいため、常に費用対効果の見直しが必要となる。第2の対策はオフ日・期にそれまでとは異なる新たなニーズ・客層を発掘する市場開発である。それまで供給側が気づいていなかった観光地の魅力を新たに発掘する活動や、その魅力に反応する客層への情報発信などである。

　需要変動は入り込み人数という「数量」の変動だけではなく、曜日や季節により客層が異なるという「質」の変動でもある。例えばファミリー旅行は週末や夏休みなど連続休暇時期に多く発生する。一方で熟年層の旅行は平日や春・秋の行楽シーズンに比較的多く発生する傾向にある。そこで、それぞれの客層ごとに需要の発生傾向を把握し、これを自地域の資源特性さらには観光レクリエーション魅力の特性と照らし合わせて、曜日や季節ごとにターゲット客層を設定して組み合わせるターゲット・ミックスの考え方が重要となる。

　平日と週末とでは異なる客層を意識した対応の例を以下に示す。仮に「青森県津軽地方のリンゴ狩り」を想定してみよう。遠隔地市場から訪れるのは主として熟年層である。彼らは、曜日にあまり左右されることなく周遊観光を楽しむことができる。一方、近距離圏・日帰り圏から訪れるのは主として家族連れであり、週末のレクリエーションを楽しむ。それぞれの客層の利用特性を踏まえて誘客対策をうまく使い分け、曜日

図表5－1　ターゲット・ミックスの考え方の例－青森県津軽地方のリンゴ狩りを想定したケース

対象市場	対象とする市場の旅行特性	主たる来訪客層	来訪曜日
首都圏・関西圏等（広域市場）	広域周遊観光（途中立ち寄り）	熟年夫婦・グループ（ツアー客）	平日（曜日に左右されない）
地元（狭域市場）	日帰りレクリエーション	家族連れ	週末

出典：筆者作成

変動の解消をねらうことが大切である（**図表5－1**）。

　広域周遊ルート上に位置する温泉地・宿泊施設でいえば、平日は遠隔地発の熟年の個人・グループ客を含めて狙い、週末は近距離圏発の家族連れも含めた個人・グループ客への対応を主とする。ただし近距離圏はリピート利用が多いため旬の魅力訴求が必要となる。

　次に季節変動への対応についてスキー観光地で考えてみよう。スキー観光地は、冬季に若者スキー客をターゲットとしてきた。夏季に子ども連れ家族客をターゲットとし、夏休み家族イベントやキャンプなどを打ち出す。あるいは、若者グループをターゲットとし、若者向け音楽フェスティバルを企画する。秋季であれば、ハイキングを志向する高齢者夫婦をターゲットとし、紅葉が美しい渓流ハイキングルートを開発する。このように、通年でのターゲット客層の組合せを戦略的に行うことも重要である。

　近年、訪日外国人観光客が増加しているので、その取込みも効果的である。彼らの旅程は我が国の休暇制度に左右されず、また国・地域により休暇制度も異なる。そのため、訪日外国人観光客をターゲット・ミックスに組み込むことにより閑散期を減らすことが可能となる。

（4）立地条件に左右される産業であること

　観光産業は「一に立地、二に立地」といわれるように、立地条件の善

し悪しが事業を左右する。この立地条件は市場条件や域内における卓越した観光資源の有無等の「大立地条件」と、域内における自施設の立地の善し悪しに関わる「小立地条件」にさらに分かれる。

① **大立地条件**

　観光地そのものの立地条件である。大都市圏からのアクセスで見ると、日帰りや1泊で訪れることが可能な観光地は、大都市圏から2泊以上の地に位置する観光地より集客面で有利である。また観光地の魅力特性で捉えると、美しい自然系の観光対象、また雄壮かつ華麗な歴史文化系の観光対象を持つ観光地は時間と費用を掛けても訪れたくなる観光地である。

　一方、都市圏から新幹線や高速道路で結ばれると一般的に集客が有利となる。反面で「通過地化」する観光地も出てくる。高速交通体系の変化に対しては、訴求すべき市場が従来とは変化することが多いため、きめ細かな対応が大切である。

② **小立地条件**

　同じ地域、観光地に立地する観光産業であっても、最寄りの空港や新幹線停車駅等の主要ターミナルからのアクセス、周囲に位置する観光対象の有無、自然環境及び景観の善し悪しが集客力に影響する。

　有力な観光対象に近接し、観光客で賑わう土地に立地する土産品店などには周囲に同種の競合店舗が多い。これは小立地条件レベルの問題ではあるが、それぞれが自店舗の特徴、「売り」を持つことでそうした問題を乗り越え、さらに地区全体としての競争力を高めることによって大立地条件面での優位性も出てくる。

（5）働く人のホスピタリティが「決め手」となる産業であること

　観光産業はホスピタリティ産業ともいわれ、接客現場の人々によるサービスの質が最終的には商品力の決め手になる産業である。まさにヒューマンウェアそのものが問われる産業である。ホテルや旅館では料理人

だけではなく給仕人によってもその評価が左右する。土産品店では、地域特産の商品の由来や特性を正しく、そして楽しく説明して購入意欲をかき立てる販売員の存在が売上げに影響する。

　一方、観光産業は労働集約型産業であり、多くの働き手を必要とする。宿泊産業の場合、人件費の売上高比率を20〜30％に抑えないと経営が維持できないとされており、いかに人件費を節約するかが経営において重要でもある。ホスピタリティが重要とされる一方、それに関わる人件費は抑えなければならないというジレンマがある。そのため、機械化やICTシステムの導入により省略化・合理化できるところには、できるだけ人手をかけないようにすることが経営課題となる。

　したがって観光産業では人材の育成強化のための教育訓練が不可欠である。ただし観光地に立地する観光産業のほとんどは家業として経営されており、経営規模も小さい事業体が多い。人材の育成強化に関する研修会の開催など観光協会や行政の支援は重要である。

2 宿泊産業の特性

　宿泊産業は雇用や食材仕入れを通じた一次産業への波及効果という点で、観光地の地域経済に大きな役割を果たしている。ここでは、観光地の旅館・ホテルを中心にその特性と課題、及び将来の方向性について述べる。

（1）宿泊産業の経営特性

　宿泊産業は、客室、料飲（及び宴会）、大浴場等のリラックスサービスという三つの業種を組み合わせたサービス産業であり、以下に述べる経営特性を有している。

①　部門により異なる経営特性

　客室部門と大浴場部門は、「空間利用権（時間当たりの利用料）」の提

供が中心である。その経営特性は、建物等の設備投資額が大きいこと、面積当たり売上げは料飲部門より低いがGOP比率[1]は高いことであり、不動産賃貸業に類似した経営特性を持つ。料飲部門は、「人によるホスピタリティ」の提供が中心であり、面積当たり売上げは高いが人件費や原材料費によりGOP比率が低いという経営特性を持つ。このように宿泊産業は資本集約産業と労働集約産業という二面性を持つ。

② **経営規模と労働生産性**

宿泊産業は24時間営業により常に一定数の要員配置が必要となるため、小規模であるほど労働生産性は低下する。この影響は多数の要員を必要とする料飲部門で顕著に表れるため、朝夕の食事提供を行う小旅館・民宿ペンション等は労働生産性が低くなっている。

③ **所有・直営・単体経営とチェーン経営**

宿泊産業の事業スキームは、所有・直営と所有・経営の分離に分かれる。後者は、資本力のある不動産投資事業者が建物を所有し、ホスピタリティ人材の育成・組織化のノウハウを持つ事業者が経営・運営を受け持つスキームである。この分離スキームにより、宿泊事業者は少ない資本でも運営受託やフランチャイズによりチェーン経営が可能となったのである。チェーン経営の強みは、かつてはブランドの知名度や施設・サービスの標準化による効率化であったが、現在ではマーケティングによる商品企画力とインターネット上の情報発信力、ポイントサービスによる顧客管理力となっている。

（2）観光における宿泊産業の役割

観光旅行の多くは訪れてみたい観光地を最初に選択し、そこを訪れることそのものが目的となるが、食文化を含む地域の生活文化体験、休養・保養や野外活動、同行者との親睦・交流が主目的となる旅行では、その舞台となる宿泊施設が重要な地位を占める。そこでは宿泊施設は以下に述べる役割を果たしている。

①　地域の生活文化を体験できる場──日本文化体験

　宿泊施設はその国・地域の生活文化（住宅、料理、服装、入浴、歓待様式など）のショールームという役割を担っている。我が国の観光地では和の文化を表現する旅館が大部分を占めている。これは旅館が日本の伝統文化、温泉文化を表現しているからであり、この日本文化体験の場としての役割は訪日外国人観光客の増加に伴い、ますます重要となりつつある。

②　保養・休養滞在の場──温泉リゾート

　保養・休養を主目的とする観光旅行では、観光地にリゾートとしての魅力が求められる。とりわけ温泉旅館・ホテルは温泉療法プログラム、森林浴、健康食などを組み合わせた健康保養プログラム、エステティックやマッサージを組み合わせた美容・アンチエイジングプログラムなどを提供することで温泉リゾートの中核となる役割を果たしている。そして、このリゾート滞在は延べ宿泊日数の増加という形で少子・高齢化による国内宿泊市場縮減への対策となる。

③　交流活動の舞台──非日常の会食と宴会・会議

　昔から「宿屋」は旅行者と地元住民の接点、交流の場としての役割を果たしており、この役割は様々な人々が集い、交流する、そして地元の人々が参加者をもてなすMICEの舞台として現代に引き継がれている。そして、地方圏で開催されるサミットに象徴されるようにMICEは非日常の場、特別な場で行うことが主催者や参加者にとって魅力となることから、観光地の個性ある宿泊施設におけるMICEが改めて注目されている。

（3）観光地の宿泊施設の経営課題

　観光地における宿泊施設経営は以下の事項が課題となっている。

①　低い資本生産性・労働生産性

　観光地は季節変動と曜日変動が大きいため客室稼働率は都市よりも低

くなる。そのため、資本生産性が低く、小規模経営の施設が多い。さらに外食産業が未発達なため、小規模でも料飲部門を持つ施設が多く、労働生産性が低くなる。

　都市では、客室部門への選択と集中が進み、「宿泊特化型」と称される、料飲部門を簡易な朝食のみに絞り込んだ業態が増加している。これらは人手のかかる調理部門の廃止、フロント業務を自動チェックイン機で補完するなどにより労働生産性を上げている。しかし、観光地ではこのような業態分化と省力化投資が遅れており、労働生産性は低いままにとどまっている。

②　チェーン経営事業者の参入

　観光地では、地場の中小企業による所有・直営・単体経営の小規模旅館が中心となっていた。しかし、バブル崩壊後の旅館の財務破綻により、建物の買収費が極めて安価となったことで、多くの観光地で低廉な宿泊料金を武器とする旅館チェーンが増加している。また訪日外国人観光客の増加により著名な観光地ではナショナルホテルチェーンの高級ブランドによる出店も増加している。

　単体・独立経営の宿泊施設の強みはその個性の強さ、地域文化との密着度にあるが、弱みはブランドの知名度の低さ、ポイントサービスを導入しても利用頻度が低いことにより有効に働かないことにある。この弱点は、訪日外国人観光客の増加、さらに多数の業態をラインアップしてポイントサービスで顧客を囲い込むナショナルホテルチェーンの隆盛により顕著となっている。また、チェーン経営事業者は不動産投資事業者が多いため、地域と一体となって長期的に観光魅力を向上していく姿勢が弱いことが課題となっている。

③　民泊等の分散型宿泊施設の登場

　宿泊産業はもともと民泊が原点であり、それが徐々に大規模化して現在のような多数の客室を持つ集合住宅型の施設へと発展してきた。しかし、小口取引に威力を発揮するインターネット流通の発達により、これ

まで困難であった1室単位の宿泊施設の経営が可能となった。地域の中に、このような1室ずつ散在する極小規模の宿泊施設を「分散型宿泊施設」[2]と称し、**図表5－2**のように分類できる。

このうちアパートや戸建て住宅を活用した「家主不在型」はキッチンやリビングルームを持つため滞在利用に適しており、これが旅行日数の多い外国人訪日観光客に評価されて民泊ブームとなったのである。

分散型宿泊施設のうち、古民家や町家などを活用した施設は地域の生活文化を体験できる点で観光的価値が評価されており、今後は人口減少により空き家が増加している観光地でも増加が見込まれている。

現在、我が国の分散型宿泊施設は兼業を前提とした住宅宿泊事業法に基づく民泊（年間180日営業規制、立地制限緩和により住宅地等で営業可能）と、専業を対象とした旅館業法に基づく簡易宿所（通年営業可能、立地制限等は旅館・ホテルと同様）に分かれる。これら分散型宿泊施設の課題は、管理者が常駐しないために旅館業法で求められる宿泊客の身元確認や夜間の防災・避難誘導が著しく非効率となることである。

④　**公的宿泊施設の民営化と老朽化**

公的宿泊施設は2000年に撤廃が決定され、民営化が進行した。このうち完全民営化が困難な中山間地域等では、建物の無償使用許可による民間への経営委託、ないしは指定管理者制度による民間への運営委託という公設・民営スキームとなっている。これらは観光による地域振興の役割を担っているものの、市町村合併により複数の類似した施設が重複

図表5－2　分散型宿泊施設の分類

	家主同居型（ホームステイ型）	家主不在型
客室機能	バス・トイレなしが多い。食事提供をする施設もある。	バス・トイレ、リビングルーム、キッチン付きとなる。
建築形態	戸建て型が多い。	集合住宅の1室が多い。
経営形態	家主の兼業が多い。	事業としての不動産運用が多い。

出典：筆者作成

して存続していることで自治体の財政を圧迫している例が見られる。また、その多くは老朽化が進行しており、建て替えやリニューアル投資に必要な財源の確保が困難となっている。

（4）これからの観光地の宿泊施設経営

　これからの観光地の宿泊施設は、滞在利用の促進と訪日外国人観光客への魅力向上が重要であり、以下の対応が求められている。

①　客室の滞在性強化と料飲サービスの簡素化

　個人客の旅行同行者数は「2人」が増加傾向にある。そのため、旅館の5人定員の和室は、「ベッドのある和室」として、2人客の居住性を高めることが求められる。また、高齢者や訪日外国人観光客の増加により座椅子での食事提供は問題が大きくなっている。さらに部屋食は人手がかかるため高級価格帯でしか成立しなくなっている。そのため、中級価格帯以下ではレストランへの転換、セルフサービスのブッフェや料理をテイクアウトして客室での食事等により省力化を図りつつ、地域の食文化を訴求することが求められる。

　この両方の取組みにより売上構成では利益率の高い室料収入の比率を高くし、また、利益率が相対的に低い料飲収入の比率を低くすることで資本生産性と労働生産性を上げることが可能となる。このような変化により旅館は機能面ではホテルに近づくものの、基本となる「和の文化」表現に軸足を置くことで本章「(2)①」で述べた、地域の生活文化体験の価値を維持することが重要である。

②　事業規模拡大による労働生産性向上

　事業規模の拡大により料飲機能と管理部門の集約、効率化が可能となる。福島県会津若松市東山温泉の「くつろぎ宿」は複数旅館の一括事業再生として、料飲機能と管理部門を一つの旅館に集約して経営の効率化を図った。そうした中で温泉街の街並み再生に取り組んでいる。また、神奈川県箱根町で廃止された寮・保養所を再生して多店舗展開をしてい

ベッドのある和室の例

る「一の湯グループ」は、調理部門を一つの旅館にセントラルキッチンとして集約するとともに、予約管理は本部に集約して労働生産性を上げている。

③　宿泊施設と「街」の役割分担による滞在需要開拓

滞在客には、低価格で自由に選択できる食事の提供が必要となる。そのためには、泊食分離料金や1泊朝食料金の導入に加えて、地域全体で低価格から高価格までの多様な飲食店、テイクアウト店のラインアップが必要となる。そこで、小規模旅館等は料飲機能を廃止ないしは朝食提供のみとして、その食事を街中の飲食店や大規模旅館・ホテルが受け持つという、宿泊施設と「街」の役割分担が求められる。これにより、経営者の高齢化で廃業が進む民宿・ペンションの活性化と飲食店や大規模旅館・ホテルの料飲部門の労働生産性向上が可能となる。この役割分担への宿泊施設からのアプローチの視点は、例えば「本館」は1泊2日旅行対応、「別館」は滞在利用対応により既存客層と新たな客層開拓を行うターゲットミックスである。栃木県那須塩原市板室温泉の旅館「大黒屋」は近隣の廃業旅館を買収して「食事なし」の滞在客向け別館として一体経営をしており、大分県竹田市長湯温泉「大丸

旅館」は近隣に滞在型のコテージを建設して一体経営をしている。さらに地域の宿泊施設が廃業した旅館や集落の空き家の管理・運営を受け持つことで、前述した分散型宿泊施設の経営課題を解決することができる。

　そして、このような役割分担は、観光まちづくりによる街並み環境整備と連動することで相乗効果が高まる。

④　単体・独立経営の旅館・ホテルによる共同販売組織の形成

　地場資本の単体・独立経営事業者がチェーン事業者に対抗するためには、各地にある類似した個性を持つ単体・独立経営の旅館・ホテルがコンソーシアム（リファーラルチェーンともいう）を形成し、共同でポイントサービスや販促活動を行うことが有効となる。この代表例として、「日本秘湯を守る会グループ」が挙げられる。

⑤　労働生産性の向上とホスピタリティの両立

　宿泊産業の業務は、高度なホスピタリティを必要とする接客業務と、清掃や料理搬送、精算会計及び管理データ入力などの単純・反復業務の複合である。そこで、単純・反復業務を自動化することで従業員は接客にすべての労働時間を割り当てることができるようになる。

　また、複数の業務をこなせるマルチジョブ人材を育成することで、需要変動に応じて勤務時間と業務内容を柔軟に割り当てるワークスケジュール管理が可能となる。一例として、チェックイン業務の繁忙時にはフロント業務を担当し、夕食の繁忙時には食事サービスに従事する仕組みづくりや、季節・曜日による需要変動を予測してオフにまとまった休館日を設定することが挙げられる。

⑥　老朽化した公的宿泊施設のリニューアル財源確保と廃止の検討

　老朽化した公的宿泊施設は、PFI方式等[3]の民間資本導入のスキームによりリニューアル財源を確保するとともに、再生が困難な施設は廃止を視野に入れることも必要となる。

【注】

1）償却前・不動産費用支払い前利益率。宿泊施設の運営効率指標。

2）1980 年代にイタリアで衰退した村を観光により活性化するために、「分散した宿屋（Alberghi Diffusi）」という考え方が提唱された。

3）PFI 方式は民間に資金調達から事業企画、経営・運営まで一括委託し、一定期間後に公設・民営移行する仕組みである。類似した方式にコンセッション方式と DBO 方式があり、これらは財源は公共が確保するが、事業企画と経営・運営は民間に一括委託する方式である。

【参考文献】

大野正人『ホテル・旅館のビジネスモデル－その動向と将来－』（現代図書、2019 年）18 ～ 20、129 ～ 134 頁

林清編著『観光学全集第 6 巻 観光産業論』（原書房、2015 年）17 ～ 35 頁

田尾桂子『グローバルオペレーターが変えるホテル経営』（白桃書房、2016 年）144、208、175 頁

公益財団法人日本交通公社編『観光地経営の視点と実践』（丸善出版、2019 年）70 ～ 72 頁

3 旅行業の特性

（1） 旅行業ビジネスの特性

　旅行会社は、一部の例外を除き、航空機や宿泊施設を自ら所有して運送サービスや宿泊サービスを消費者に提供するわけではない。消費者と供給側とを仲介するものであり、消費者がより安全、快適、円滑に旅行を楽しむことができるように、様々なサービスを提供するものである。宿泊施設や交通運輸機関などサービスをいわば生産して供給する側（サプライヤー側）から見ると、それら事業者に代わって、サービスの販売を行うものである。こうした点から、旅行業は流通サービス業の一種といえる。

　このように旅行業は、基本的に仲介・代理販売業であり、手数料（コミッション）ビジネスであるため、旅行会社は歴史的に「旅行代理店」と呼ばれてきた。しかしチケットの単なる代理販売を行うビジネスモデ

ルでは利益率は限定されるため、宿泊施設や交通運輸機関などから客室や座席等を仕入れて、それらを組み合わせ、「パッケージツアー」として造成し、販売を行うなどのビジネスモデルへと変化させた。このため「旅行代理店」という呼び名も今では「旅行会社」というのが一般的になっている。

　もっともパッケージツアーの多くは、大量仕入れ・大量販売、薄利多売が特徴である。それが消費者ニーズの多様化、そしてインターネットの普及により、そのビジネスモデルが崩れ始めている。実店舗を持たず、ネット上のみで旅行業ビジネスを展開するオンライントラベルエージェント（以下、OTA。「Online Travel Agent」の略）が台頭し、さらに次項で紹介するダイナミックパッケージや価格比較サイト、需給状況に応じて常に価格を変動させるダイナミックプライシング（在庫数によって価格が変動する、いわゆる「時価」）が誕生したことが大きく影響している。

　これまでカラフルなパンフレットによりパッケージツアーのPR・販売を行ってきた旅行会社であるが、その制作コストに加え、仕入れ価格の頻繁な変動から、そうしたビジネスモデルもまた変革を迫られている。

（2）オンライントラベルエージェントの動向と今後

　路面等に実店舗を構える「リアル店舗」での旅行申し込み受付に比べ、OTAは時間の制約がなく、24時間対応できる。また家賃や人件費を大幅に抑えることができ、それを顧客に価格で還元できる。こうした利便性と価格面での優位性からインターネット経由の予約率が急速に高まった。

　その先鞭をつけたのが、2001年に旅行サイトとして誕生した楽天トラベルである。1996年、日立造船コンピュータ（当時）が立ち上げたマイトリップ・ネット「旅の窓口」を2003年に楽天が買収して、急激に取扱いを増やした。楽天の旅行業部門は、現在では我が国最大のネット

経由旅行取扱額を持つ。

　また、2000年に宿泊予約サイトとして営業を開始し、現在リクルートライフスタイルが運営する「じゃらんnet」は国内第2位のネット経由旅行取扱額を有する。

　これらは、インターネット上で旅行者が航空便や宿泊施設等をそれぞれ複数の選択肢から自由に選んで組み合わせることで、単体で購入するより安くなる仕組みのダイナミックパッケージを取り扱うようになってからさらなる拡大を遂げた。

　もともとダイナミックパッケージは、航空会社がそのホームページから直接、個人申し込みを促し、併せて宿泊も予約してもらうことで特別割引料金（ホットディール）を提供して顧客の囲い込みをねらったものである。格安航空会社（LCC）が席巻する欧米やアジアの一部で始まり、その後、日本に流入した。このダイナミックパッケージは我が国でも航空会社ばかりでなく、旅行会社、鉄道会社なども導入している。

　我が国における近頃のOTAの動きとしては、エクスペディア（アメリカ）、ブッキング・ドットコム（オランダ）、トリバゴ（ドイツ）など外資OTAが大きな伸びを示している。楽天トラベルやじゃらんnetは、少しずつシェアを食われている。例えばエクスペディアの場合、2006年、日本語に対応したサイトページを開設し、2010年にはテレビコマーシャルを盛んに打ち、普及を図ってきた。2011年には、ダイナミックパッケージの販売を開始、同年、JTBを皮切りに、KNT－CTホールディングスや阪急交通社などの国内大手旅行会社とも提携を進めるなどしてきた。エクスペディアはネット予約が原則だが、24時間対応のオペレーターによる電話予約サービスも導入するなどして、我が国での市場占有率を伸ばしている。

　こうした外資OTAのサイトは、訪日外国人客にとってなじみがあるサイトである。インバウンドのリピーター増加に比例して、今後、これら外資OTAの利用はますます増えていくものと思われる。

（3）旅行業と地域の関わり

　旅行業と地域の関わりはかねてより大きいものがある。消費者が「旅行で訪れてみたい」と思う観光地があってこそ旅行業ビジネスが成り立つのであり、だからこそ旅行業は地域の観光魅力をそのノウハウによって自ら発掘したり、新たな観光魅力を創出したりしてきた。例えば今では夏の東北地方の代表的な観光商品となっている「東北三大夏祭り」は、もともとはそれぞれの祭りの開催時期がずれていた。それを1回のツアーで見て回ることができるように旅行業が提案し、開催時期を連続させることによって魅力向上と多大な集客に結びつけたのである。また、かつて多くの修学旅行客を別府から阿蘇地域に送客したことが、別府阿蘇道路（やまなみハイウェイ）の整備のきっかけをつくり、実現に寄与した。

　このように旅行業は、時には地域の行政や観光事業者等と協力・連携して地域の観光振興に貢献するとともに、自らのビジネスを発展させてきた。観光閑散期にイベントや送客キャンペーンを行うなどの取組みもそうした一環である。こうした旅行会社の取組みに期待し、補助金を出して当該地域をツアーの目的地とする旅行商品の造成を旅行会社に働きかける自治体は現在でも少なくない。

　一方、消費者ニーズの変化とともに、おおむね1970年代よりそれまで主流を占めていた団体旅行が減少し、家族・友人・単身等の形態による個人・グループ旅行が増大した。これら個人旅行者によるニーズは、「自然環境との触れあい・学び」「地域ならではの生活文化や人々との触れあい」「地域の歴史遺産に関わる深い理解」「体験や見学をとおした地域の農林漁業や製造業に対する学び」「まち歩きの楽しみ」を求めるといったものである。

　こうした中で、大都市圏を発地とする、著名な自然名所・旧跡を駆け足でめぐるタイプの大手旅行会社のパッケージツアーは売れなくなってきた。しかし地域における様々な体験や学びをとおして感動体験を求めるという個人旅行ニーズに対応した旅行商品の造成は、地域の詳しい情

報に疎い、大都市圏側に位置する旅行会社には難しい。情報を入手して
関係者へ確認・依頼し、円滑かつ安定的な受け入れ手配を固めるために
は手間暇ひいてはコストがかかる。

　そこで地域の実情をよく知る地域自らが、当該地域を訪れる旅行者を
対象とする旅行商品を「着地側」で企画・造成しようということで、「着
地型旅行商品」が注目されてきた。2000年代に入ってのことである。た
だし旅行商品の造成・販売に当たっては旅行業法により行政庁への登録
が必要とされる。消費者保護の観点から事業基盤が脆弱な事業者が安易
に参入できないよう、旅行業登録については事業範囲や資金面などの制
約が旅行業法で課されているからである。そこで国も地域の観光協会・
観光コンベンションビューローやNPO等を旅行業に参入しやすくする
よう、制約を緩めた「地域限定旅行業」を2013年に新たに制度化する
など法的な整備を進めてきた。

　しかし、着地型旅行商品の企画・販売に苦戦している地域は多い。市
場の母数が大きい東京や大阪、京都の場合、商品化が可能な素材が多く、
公共交通機関の利便性も高いが、交通手段が乏しく移動に専用車などを
必要とする地域の場合は、特別な工夫が求められる。マーケティング感
覚を磨き、旅行商品化ができそうな素材を見いだして、「ある程度高く
ても買ってもらえる」ように付加価値をつける必要がある。販売促進手
法も熟考を要する。

　地域を基盤に旅行業ビジネスを営んできた地元旅行会社への期待も大
きい。そもそもは地域の住民を顧客対象に、域外への送客、すなわち「発
営業」をビジネスモデルとしてきたが、今後は「着地営業」としての着
地型旅行商品の造成・販売へと舵を切ることが期待される。海外旅行で
フリータイムに別料金で参加するオプショナルツアーをイメージすると
よいだろう。これは「第9章」で触れる「DMO」とも関係する。

4 交通運輸業の特性

　観光には、日常生活の場から観光地へ移動するための交通手段が不可欠であり、観光旅行者の居住地から観光地までの幹線交通と、観光地内における地域交通という二つの要素から構成される。マイカーなど自給可能な一部を除き、鉄道、航空をはじめ多くの交通手段は、交通運輸事業者が提供する交通サービスを利用することとなる。

　本節では、観光地づくりの視点から見た幹線交通や地域交通について、交通手段や交通運輸業の基本的事項や近年の動向を概説する。

（1）観光旅行者の幹線交通手段と距離帯別利用選択

①　幹線交通手段の分類と特徴

　幹線交通手段[1] は、その移動空間により自動車、鉄道、船舶、航空に大別でき、それぞれ速度や輸送力の特性が異なる。

　まず速度について見ると、航空が最も速く、ジェット機で時速約900キロメートル、プロペラ機でも時速600キロメートルを超えるものがある。鉄道がこれに次ぎ、最高時速は新幹線で320キロメートル、在来線で160キロメートルである。自動車は、高速道路では最高速度が時速100キロメートル（一部120キロメートル）と鉄道在来線に近いが、一般道では最高でも時速60キロメートル（一部80キロメートル）である。船舶は一般に速度が遅く、時速30〜40キロメートルのものが多いが、時速約90キロメートルに達する高速船もある。

　次に、輸送力について見ると、鉄道は1列車で最大2,000人程度を輸送できる[2]。船舶は大型フェリーであれば約1,000人、航空も大型機であれば1機で約500人を輸送できる[3]。一方、自動車の輸送力は、バスが1台約50人、乗用車は5人前後と小さいが、鉄路や港湾、空港と比べて道路は全国各地に張りめぐらされているため、鉄道や船舶、航空よ

りも自由にルートを選択でき、機動性に富む。

② **交通手段の距離帯別利用選択**

　観光旅行者をはじめとする交通手段の利用者は、移動する区間や移動ニーズに応じて、交通手段を使い分ける。

　一般に、移動距離が長距離になればなるほど、速度の速い航空が有利になり、海外との移動や東京－北海道、東京－九州（直線距離800～900キロメートル）といった国内の長距離移動では、主に航空が利用される。距離が短くなるにつれて、航空よりも鉄道（新幹線や在来線特急）の利用が多くなる。例えば、東京－大阪（同約400キロメートル）では、新幹線の利用が多いが、航空を利用する人もいるのに対して、東京－名古屋や東京－仙台、東京－新潟（同250～300キロメートル）では、ほとんどの人が新幹線を利用する。新幹線と在来線の速度差が大きいため、航空と鉄道との間の優位性は、新幹線の有無で大きく変わる。より短距離の都市間移動や都市内の移動では、鉄道（在来線）やバスが多く利用される。マイカーは比較的短い距離で利用されることが多いが、ルートや移動の時間帯を自由に決めることができ、乗り換えが不要で、プライベートな空間を確保できることなどから、比較的長距離の移動にも利用される（**図表5－3**）。

　このように、それぞれの交通手段の間では、航空と鉄道、鉄道とバスといった競争関係が生じる場合があるが、利用者は単に速度や所要時間だけで交通手段を決めるわけではなく、運賃、運行頻度・時間帯、快適性など、様々な条件を総合的に判断している。その際、駅から駅、空港から空港の所要時間や運賃だけでなく、出発地から駅や空港まで、あるいは駅や空港から目的地までの移動時間や運賃、乗り換えにかかる時間などを含めて、ドア・ツー・ドアの移動経路全体での比較となる。

　観光客誘致のターゲットとする地域を検討する際、新幹線や空港、高速道路など交通施設の整備状況が重要な要素となるが、交通手段の距離帯別利用選択特性やアクセス交通の整備状況も踏まえる必要がある。

図表5-3　距離帯別交通機関分担率 (2015年度)

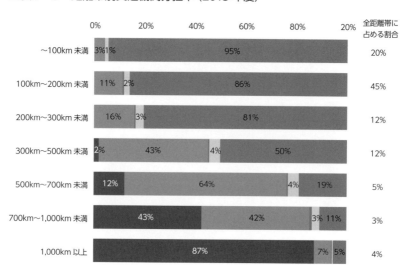

出典：国土交通省「第6回全国幹線旅客純流動調査の結果公表について (参考資料)」(令和元年7月)

③　幹線交通をめぐる動向 (LCC、クルーズ客船、高速バス)

　島国である日本では、海外からのインバウンド観光客は航空か船舶で来訪することとなるが、近年における訪日観光客急増の大きな要因となっているのがLCC (Low Cost Carrier) の普及である。

　LCCとは、機材を統一して機材費・整備費・人件費[4]を抑制する、機内食などのサービスを廃止もしくは有料化する、航空券は旅行会社を通さずインターネットや電話による無店舗販売のみとする、マイレージサービスを提供しない、といった様々な取組みを通じ、既存の航空会社と比較して格安な運賃を実現する航空会社である。世界各地で急成長を遂げており、LCCのビジネスモデルとされる米国のサウスウエスト航空をはじめ、欧州のライアンエアー (アイルランド)、東南アジアのエアアジア (マレーシア) などは、既存の主要航空会社に匹敵する事業規模を

持っている。

　近年では日本でもLCCが普及しつつあり、東アジアや東南アジア、オーストラリアのLCCが多数乗り入れているほか、2012年以降、全日空（ANA）や日本航空（JAL）も本格的に参入し、成田空港や関西国際空港などを拠点として国内線、国際線に就航している。2017年時点において、LCCは日本の国際線旅客数の21.7％、国内線旅客数の9.8％を占めるまでになり（国土交通省調べ）、さらなる成長が期待されている。特に観光客はビジネス客と比較してLCCの利用性向が高く、観光客誘致においてLCCは大きな役割を果たしうる存在である。

　また、宿泊設備を持ち、観光地に寄港しながら船旅を楽しめる船舶をクルーズ客船と呼ぶ。近年では中国をはじめとする東アジアを発着地とするクルーズ客船の寄港が九州・沖縄の港湾を中心に急増し、インバウンド拡大の一翼を担っている。2018年の訪日客クルーズ旅客数は245.1万人である（国土交通省調べ）。

　一方、国内幹線交通において近年、存在感を高めているのが高速路線バスである。当初は鉄道や航空と比較した低運賃が特徴であったが、3列独立座席をはじめ、充電用コンセントや無線LANサービスなど、車両の快適化が進んでいる。バスタ新宿に代表されるターミナルの整備も進み、高頻度で運行される比較的短距離の都市間路線から長距離夜行路線まで、全国で多様な路線が拡大している。

（2）地域における観光交通

①　二次交通の充実

　観光地に最寄りの幹線交通のターミナル（主要駅や空港など）と、観光地内の観光施設や宿泊施設などを結ぶ交通手段は「二次交通」と呼ばれる。新幹線や高速道路、空港などの交通施設の整備効果を最大限発揮させ、観光地の魅力を高めるためには、二次交通を充実させ、観光客が観光地内で移動しやすいようにすることが不可欠である。

その際、観光地においては、一般に交通手段が不便なことが多いため、二次交通の充実は、交通運輸事業者のみに委ねるのではなく、地域の観光関連業者や観光関連団体、自治体

二次交通の例（河口湖駅発の周遊バス）

などが主体的に取り組むことが重要である。

具体的な取組みとして、空港と観光地を結ぶ乗合タクシー[5]や観光地内を周遊する循環バス[6]の運行、観光地一帯の複数の交通手段を自由に乗り降りできるフリー切符の発売、交通手段間のダイヤの連携による乗り継ぎ改善などが、多くの地域で実施されている。

②　MaaS（マース）

ICT（情報技術）の発達と普及が交通にも大きな変化を生じさせている中、特に注目されるのがMaaS（Mobility as a Service）である。MaaSとは、「ICTを活用して交通をクラウド化し、公共交通か否か、またその運営主体にかかわらず、マイカー以外のすべての交通手段によるモビリティー（移動）を一つのサービスとして捉え、シームレスにつなぐ新たな『移動』の概念」[7]である。

具体的には、利用者はスマートフォンのアプリなどを用いて、交通手段やルートを検索、利用し（レベル1）、予約手配や運賃決済までを一括して行い（レベル2）、複数のサービスのパッケージ化や定額制の導入がなされる（レベル3）といった形で、MaaSのレベルが定義されている（**図表5－4**）。

観光交通にMaaSを導入・活用することで、二次交通の充実による観光客の回遊性の向上や、観光アプリや着地型・体験型サービスとの連携

尾瀬のマイカー規制

による観光体験の拡大・向上といった効果が期待される。

また、鉄道、バス、タクシーといった既存の交通サービスに加え、オンデマンド交通[8]、グリーンスローモビリティ[9]といった新たな交通サービスとMaaSを連携させることで、ハード・ソフト両面からの観光交通の充実も期待される。

③ 環境問題と観光交通

地域における観光交通では、環境問題への対応も重要な課題である。環境問題には、地球温暖化に代表される地球環境問題や、騒音・振動や大気汚染など地域住民の生活環境の問題などがあるが、観光交通においては観光地の自然環境の保全も重要な課題である。道路整備やマイカーの普及によって、手つかずの自然が残された観光地にも訪れやすくなる一方で、多くの観光客が訪れることで、そうした豊かな自然が破壊されてしまうという矛盾が生じる。

このため、上高地（長野県）や尾瀬（福島県・新潟県・群馬県）、乗鞍（長

図表5−4　MaaS のレベル定義

レベル4	政策の統合(行政、官民連携)
レベル3	提供するサービスの統合(パッケージ化、定額制、事業者間連携など)
レベル2	予約・決済の統合(検索・予約・決済の単一トリップ化)
レベル1	情報の統合(複数モードの移動計画・運賃情報)
レベル0	統合なし(個々のサービスごとに個別対応)

出典：Jana Sochorほか「A Topological Approach to Mobiity as a Service」（2017年）
　　　(http://www.tut.fi/verne/aineisto/S6_Sochor.pdf) を翻記

野県・岐阜県）などでは、マイカーの乗り入れ規制が行われている。規制区間では通行できる自動車がバスやタクシーなどに限られ、さらに、バスの乗り入れも路線バスやマイクロバスだけに限定している例もある。これらの地域では、乗り入れ規制を行いつつ、マイカーによる観光客を受け入れる取組みとして、観光地に入る手前の駐車場にマイカーを誘導し、そこからバスなどに乗り換えてもらう「パーク・アンド・ライド」も行われている[10]。

④　コンセッションと空港経営改革

　近年、日本の空港では、コンセッション方式を用いた空港経営改革が進められている。これまでは、滑走路などの航空機が発着するための基本的な施設の運営を行う「航空系事業」を国や自治体が担い、航空会社や旅客・貨物向けのサービスを提供する旅客ターミナルビルなどの施設の運営を行う「非航空系事業」を民間が担う形態が一般的であった[11]。これに対し、2017年より空港の運営において、利用料金の徴収を行う公共施設について、施設の所有権を国や自治体が保有したまま、施設の運営権を民間事業者に設定することが可能となるコンセッション方式が導入され、航空系事業と非航空系事業を民間主体が一体的に経営できるようになった。

　こうした空港経営改革により、幹線交通において、着陸料などの柔軟な設定などを通じた航空ネットワークの充実が期待されるほか、空港を地域における観光交通の結節点と位置付け、二次交通の充実、幹線交通と二次交通の円滑な接続、観光情報の発信や物販・飲食の充実などを地域主導で進めていくことが可能となる。

....

【注】
1）ここでは幹線交通手段を対象とするため、徒歩、自転車などの端末交通手段は除く。
2）例えば、東海道・山陽新幹線「のぞみ」は16両編成で定員約1,300人、東海道線（関東地区）は15両編成で約2,300人、山手線は11両編成で約1,800人である。
3）日本の国内線に就航する機材で最大のB777型機の定員は国内線仕様で約500人で

ある。世界最大の旅客機であるA380型機の定員は国際線仕様で500 ～ 600人程度である。

4）機材を統一することで、発注ロットの拡大による機材費の削減に加え、補給部品数の減少による整備費の削減や、訓練時間の短縮による人件費の削減が可能となる。

5）例えば、その先駆となった「秋田エアポートライナー」は、観光協会、交通事業者などが中心となって設立した「秋田空港からの二次アクセスを高める会」が運営主体となり、秋田空港と主要な観光地や秋田市街地を結ぶ事前予約制の乗合タクシーを運行し、路線バスが不便なもしくは存在しない観光地にも二次交通を提供している。

6）札幌市、横浜市、奈良市、松江市など、市街地内に観光地が集積している地域で運行されている。100円で乗車できる「ワンコインバス」としたり、レトロ調など特色あるデザインの車両を導入したりすることで、二次交通としての魅力を高めている。

7）露木伸宏「MaaS（モビリティ・アズ・ア・サービス）について」PRI review 国土交通政策研究所報69号（2018年）

8）利用者の移動需要をリアルタイムに予測するAI（人工知能）技術や、利用者の要求に応じてリアルタイムに最適なルートを演算・配車する技術を活用したバスや乗合タクシー。

9）電動で、時速20キロメートル未満で公道を走る4人乗り以上のモビリティのこと。狭い道でも通行可能であることや低速であるために、観光周遊にも適している。

10）自然環境の保全のほか、都市の渋滞緩和を目的とする「パーク・アンド・ライド」もある。鎌倉市や金沢市などでは、休日の交通渋滞が慢性化しているが、道路拡幅が困難なため、乗り入れ規制を行わず、鉄道やバスへの自発的な乗り換えを促進する形で、交通渋滞の緩和を図る「パーク・アンド・ライド」も実施されている。

11）成田、関西、中部の各国際空港は、従来から空港会社が航空系・非航空系事業を一体的に運営している。

【参考文献】

株式会社JTB総合研究所編『観光学基礎 第7版』（株式会社JTB総合研究所、2018年）149 ～ 171頁

実践編

第6章
地域の観光魅力を発掘して、磨くには

観光資源と観光対象は同じ意味で使用されることが多いが、区分けして捉える必要がある。観光資源の多くは人間がお金と知恵、時間を掛けて初めて観光対象として顕在化する。そして観光客の誘致を図る場合、「どの地域から観光客を呼ぶことができるか」という誘致圏を推し量るにはそれぞれの観光対象の魅力を評価することが重要となる。

また観光資源を磨き上げ、観光対象としてより魅力あるものにするためには、「観光対象に触れる旅行の形態は周遊型を取る」といった観光対象が持つ特性を理解すること、観光対象の魅力の伝え方や見せ方・観光対象のめぐらせ方を工夫することが大切である。地域の農林漁業や製造業と結びつけて、その観光対象化を図ることも効果的である。本章ではこうした考え方と取組み方について実践的に説明する。

1 観光とレクリエーションを分ける

　「観光」という概念の捉え方は、「第1章」で述べたとおり様々である。しかし地域の観光振興を図るに当たっては、振興を図るべき観光の概念を明確にしておく必要がある。そこで重要なのは、「見る観光」と「（身体を使って）する観光」とを分けて捉えることである。本章では前者を「観光」、後者を「レクリエーション」として説明していく。

2 観光資源と観光対象の区分け、観光対象の魅力評価

（1）観光資源及びレクリエーション資源の意味

　「資源」とは人間による何らかの生産・消費活動の「もと」になるような「モノ（コト）」を指す。エネルギー開発でいえば、エネルギーを生み出すもとになる原油や天然ガス、太陽熱、風等を指す。

　したがって観光事業や観光活動に対応する観光資源としては、見る観光の「もと」になる自然資源や人文資源が挙げられる。これに対しレクリエーション事業やレクリエーション活動に対応するレクリエーション資源では、そのレクリエーションが成立する要素、例えば温泉浴については温泉の湧出量・泉質・泉温などがレクリエーション資源として捉えられる（**図表6－1**）。こうした観光資源やレクリエーション資源を発掘して観光振興事業に活用する際には、その資源性の優劣が観光客の誘致力の強さや誘致圏（観光客を誘致することが可能な地理的範囲）の広がりに大きく影響する。

（2）観光資源と観光対象

　観光資源と観光対象は同じ意味で使用されることが多いが、その意味は異なり、この区分けは大切である。山岳や岬などの自然資源において

図表6－1　観光資源とレクリエーション資源の例

基本活動	分類	資源の例示
観光（見る観光） ＝精神領域に関係	自然資源	山岳、高原、湖沼、渓谷、滝、海岸・岬、岩石・鍾乳洞、動物、植物、自然現象　等
	人文資源	〈歴史的資源〉 史跡、神社、仏閣、城、庭園、歴史的建造物（商家、武家屋敷、蔵など）　等
		〈近代・現代的資源〉 近代的・現代的建造物、産業遺産・産業施設、ミュージアム　等
		〈その他〉 民俗文化（衣・食・住、祭り・芸能、伝承等）、伝統的地場産業、農林漁業、言語、人物　等
		〈複合資源〉 歴史景観（歴史的な町並み・家並み）、旧街道、農村景観、郷土景観（朝市、市場等）、都市景観　等
レクリエーション（身体を使って楽しむ観光）＝身体領域に関係	動的活動資源	〈スキー〉 山の標高、傾斜、尾根幅、雪質、積雪量・積雪期間　等
		〈マリンアクティビティ〉 水質・水温、砂浜幅・砂浜長、汀線形状、波高　等
	静的活動資源	〈温泉浴〉 湧出量、泉質、泉温　等

出典：筆者作成

　はそのまま観光対象となるケースもあるが、観光資源の多くは人間がお金と知恵、さらには一定の時間を掛けて初めて観光対象としての価値が顕在化する。神社・仏閣が観光対象になっているのは、それがきちんと保全あるいは修景・修理され、公開されているからである。美しい湖や滝も、駐車場や遊歩道、展望施設など、観光客を受け入れる基盤施設、到達手段や対象資源を眺める視点場が確保・整備されていなければ観光対象とはなりにくい。そしてさらに観光対象として魅力あるものとする

には一定の整備と演出が必要とされる。いわゆる「磨き上げ」である。この点については、後に詳述する。

（3）観光対象の魅力の評価

　観光対象の魅力の感じ方は人によって異なる。性や年齢、人生経験、旅行経験等によって、同じ観光対象に接しても得られる感動は異なってくる。さらに自然景観は気象条件によって感動の度合いが左右されがちである。歴史名所の場合にはその対象に関する関心や知識の度合いによってやはり感動の度合いは人によって違う。また歴史の流れの中で美的な価値観が変わり、昔の人々が評価したものを現代人が同様に評価するとは限らない。

　もっとも、観光客の誘致を図る場合、地域が保有する観光対象がどの程度の魅力を持ち、どの地域から観光客を誘致することができるかという誘致圏を推し量ることは大切なことである。

　誘致圏と関連づけ、「美しさ」「珍しさ」「大きさ（長さ、高さ）」「古さ（新しさ）」といった点を取り上げて、**図表6－2**に示す基準により観光対象の魅力評価を行っているものが（公財）日本交通公社の調査研究である。全国レベルで観光対象の魅力の評価を行っている例はこの調査研究のみであり、「わが国が世界に誇る魅力を有するもの」「全国的レベル

図表6－2　観光対象の評価基準

ランク	基準の内容	例示
特A級	わが国を代表するもので、世界に誇れるもの	富士山、摩周湖
A級	特A級に準じ、全国的な誘致力を持つもの	芦ノ湖、清水寺
B級	(東北、関東など)地方レベルで誘致力を持つもの	筑波山、浜名湖
C級	主としてその観光対象が存在する都道府県及び周辺地域の住民の利用が中心となるもの	省　略
D級	その観光対象が存在する市町村の住民の利用が中心となるもの	省　略

出典：財団法人日本交通公社『観光の現状と課題』(1979年)を基に筆者が一部加筆して作成

で誘致力を有するもの」「地方レベルで誘致力を有するもの」が都道府県別・種別に同財団のホームページで公表されているので、地域が有する観光対象の魅力評価に当たってはまずはこれを参照して活用したい。

　なお観光対象は性格によって魅力が低減していくケースがあることに留意する必要がある。人間の力ではつくることができない山岳景観や海岸景観のような自然系の観光対象、また長い歴史の中で価値が認められてきた神社・仏閣など歴史系の観光対象は、年数が経過するとともにその魅力が減少していくことはあまりない。しかし現代的な建造物や水族館のように、新しさや物珍しさが魅力となっている場合には、内容的に似た施設が後に登場すると、その魅力は次第に低くなっていく。例えば、東京の霞が関ビルは我が国初の超高層ビルとして建設当初こそ東京の有力な観光対象であったが、その後、超高層ビルが各地にできたことによって観光的な価値はほぼ消失した。

3 観光とレクリエーションの誘致圏

（1）観光とレクリエーションの誘致圏

　ある観光対象をぜひ訪れてみたいと思う場合、旅行者は2泊掛けて行く必要があるような遠隔地であっても旅行に出かける。これは摩周湖や法隆寺と同じものがほかには存在しないように、観光対象が唯一無二の存在であるからである。摩周湖を一度は見たくて訪れようとしている人にとって、何らかの理由で摩周湖を訪れることが不可能な場合、代わりに十和田湖を訪れることで満足することはないはずである。

　このように観光対象は、他の場所（モノ（コト））では代わりが利かない、代替性がないことが特徴である。このことを地域の側から捉えれば、魅力ある観光対象ほど遠距離からでも観光客の誘致が期待できる、誘致圏は広いということを意味する。

　これに対してレクリエーション空間・施設の場合、旅行者は当該地・

施設の利用を第一の目的として訪ねることは多くない。志向するレクリエーション活動の充足を第一の目的として、その上で交通費や所要時間等を考慮しつつ目的地の選定に移る。したがって例えば上越のスキー場へ行こうと考えていた人が、何らかの事由により上越ではスキーが無理な場合、信州のスキー場に変更することに抵抗はないはずである。

　このようにレクリエーション活動の場合は、一般的に旅行先の選択において代わりが利く、代替性があることが特徴である。したがってレクリエーションは比較的日帰り圏、またせいぜい1泊圏といった近距離圏で行われる傾向がある。まして近距離圏に規模が大きく、施設水準が高い場所があれば、人は相対的に遠距離に位置する同種の施設を選択することなく、近い方を選択する。このことを地域の側から捉えれば、レクリエーション魅力で観光客の誘致を図ろうという場合、誘致圏は比較的狭いということになる。実際、例えば首都圏の住民はいくら海が美しくても海水浴目的で北陸や山陰の海へは行かない。海水浴であれば伊豆や房総などを選ぶであろう。レクリエーションで比較的誘致圏が広い（遠くまで広がる）のは、北海道のスキーや沖縄のマリンスポーツのように、極めて優れた資源性に恵まれ（北海道＝粉雪、沖縄＝美しい珊瑚礁など）、さらに施設の水準が高く、滞在環境も整っている場合である。

　こうしたことから、レクリエーション空間・施設を整備する際には、近距離圏にどの程度の規模の市場（人口）があるかということに十分な注意を払う必要がある。これまで我が国で「失敗」した観光レクリエーション開発はこのことが正しく理解されていなかったことにほぼ起因する。

Column

観光対象の魅力と観光集客力

　よく「我が地域には全国的に著名な観光対象がない」と嘆く地域がある。しかし、観光対象の魅力度と実際の観光集客力は必ずしも比例するものではない。観光集客力は、基本的に

「観光対象の魅力度×市場（人口）規模／市場からの距離（物理的・時間的・経済的距離）」
によっておおむね規定されるからである。地域が有する観光対象の魅力が相対的に低く誘致圏が狭い場合でも、大市場を近距離圏に抱える地域では的確な観光地マーケティングを行うことによって観光集客を十分期待できる。

（2）観光対象に求められる地域固有性・地域特性への立脚

　地域が訴求しようとする観光魅力の誘致圏の問題は、それぞれの観光対象が有する地域固有性・独自性、いい換えれば当該地域ならではの地域性の濃淡と深く関わってくる。

　産業観光を例に説明する。産業観光と類似した概念として「社会科見学」がある。これらは活動の中身や態様がほぼ同一であることから、特にその相違に留意することなく使用されることが多い。しかし、社会科見学は新聞製作に代表されるように地域性に関わりなく立地・展開する企業・産業活動もその対象に含む。それらの地域性は薄く、全国各地域に共通した企業・産業活動といえ、そうなると誘致圏は狭くなる。実際、社会科見学の利用主体は地元（日帰り圏）である。一方、工芸品生産等の伝統的地場産業の場合には、その生成と発展が当該地域の自然風土や歴史文化、産業連関構造と密接に関わっている。当該地域ならではの地域特性を反映した産業活動であり、そうした産業を資源として産業観光の振興に活用する場合には、活用の仕方によって有力な観光対象となり得るし、誘致圏は広がる（**図表6－3**）。

図表6－3　観光対象の地域固有性と誘致圏の関係

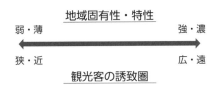

出典：筆者作成

　かつて1980年代から90年代にかけて全国各地に「テーマパーク」が建設されたが、大都市圏に立地する一部の施設を除き、多くが経営破綻を招いた。具体的な施設名称を出すのは控えるが、破綻の根本的な原因は、例えば海外諸国・地域の町並みや生活文化など、立地地域の地域特性とは縁もゆかりもない「テーマ」を選定したことにある。それでは観光客を広範囲に集めることはできない。主たる市場は日帰り圏であり、圏内の需要が一巡すると集客難に陥る。そうした事態を避け、リピート利用需要を生むためには常なるリニューアル、すなわち追加投資が必要となる。相対的に市場規模が小さい地方圏立地にあって追加投資する体力に欠けるのであれば破綻に至るのは当然である。

> **Column**
>
> ### 注意を要するグリーンツーリズムの誘致圏
>
> 　グリーンツーリズムに関わる誘致圏は、訴求する事象が農林漁業「景観」か農林漁業「体験」かで異なる。景観を見せる場合は「観光」であり、その魅力次第で誘致圏は広くなる。富山県砺波平野のチューリップ畑、石川県輪島市の白米千枚田などはその好例である。対して体験は「レクリエーション」に似て（教育旅行は別次元の事由から行われるので除く）誘致圏は狭い。農林漁業体験で広域的な誘致力を発揮できるのは、例えば津軽平野のリンゴ狩り、山形県のサクランボ狩りのように、当該農林水産品がブランドとして全国的に知られ、評価を得ている場合である。したがって農林漁業体験で誘客を図るなら近距離に位置する都市圏が主たる対象となる。

4 観光資源の磨き上げ

　観光資源を磨き上げる、ブラッシュアップするということの意味は、観光対象として魅力あるものにするべく一定の知恵とお金を掛け、整備・演出を行うということである。そのためには「観光対象の特性」をきちんと理解しておく必要がある。

（1）観光対象の特性

①　観光対象に関する知識が旅行者にあれば、得られる効用はより大きいものとなる

　スキーや海水浴のように身体を動かして楽しむ動的なレクリエーション活動や休息を求める静的なレクリエーション活動とは異なり、「見る」観光は観光対象に関する知識が旅行者自身にあれば、そこから得られる感動などはより大きく、深いものとなる。往時の姿が形として残っていない史跡などは特にその傾向が強く、旅行者に普段からの関心や予備知識がなければ、その価値は伝わりにくい。目で見れば、その美しさや見事さが一応は伝わる自然景観や神社・仏閣、庭園なども、それぞれの特徴や由来に関する知識が旅行者にあれば感動の度合いもまた違う。

　したがって観光対象の魅力を高めるためには、旅行者の興味を引く解説など「魅力の伝え方」が重要となる。

Column

幼児や低学年児を伴う家族旅行と「見る」観光

　「見る」観光対象を子ども連れの家族旅行を対象に紹介・訴求するケースは少なくない。同伴する子どもの年齢にもよるが、幼児や低学年児の場合にはこれはナンセンスである。幼児や低学年児には観光対象の価値がまだ理解できないからであり、身体的な体験をとおして楽しさを体感できる魅力、子と親とがともに楽しみ、笑顔を浮かべている体験シーンこそ訴求すべきである。

②　観光対象に接して旅行者が得るものは精神的な効用である

　レクリエーション活動をとおして旅行者が得る効用は、リフレッシュや休息など身体領域に関わるものである。対して「見る」ことが主となる観光の効用は、感動や感嘆など精神領域に関わるものである。

　したがって観光対象の魅力を高めるためには、旅行者の感動・感嘆を呼び起こす「見せ方」が重要となる。

③　観光対象に触れる旅行の形態は周遊型を取る

　レクリエーションを目的とする旅行の場合は、一般に発地と目的地とを単純に往復する「ピストン型」の旅行となる。対して、「見る」観光を目的とする旅行は、多くの場合、複数の観光対象をめぐっていく周遊型の旅行形態を取る。

　したがって、観光対象の魅力を高めるためには、「個」の対応にとどまることなく、複数の観光対象を結んだ「めぐらせ方」を工夫・提案することが重要となる。

（2）観光対象の魅力の伝え方

　地域における観光対象の魅力の伝え方は、観光対象に関していかにわかりやすく、利用者に興味を持ってもらうような情報提供方法を工夫するかということである。案内・解説板はもちろん模型を設置したり、スマートフォンや様々なICT機器を活用したりする地域は多い。

　しかし、ここで忘れていけないのは、観光はヒューマンウェアが決定的に大切なことである。旅行後、記憶に残ることの主要な要素に「地域で出会った人」があり、その意味で観光対象について説明し、地域の魅力を伝える案内人（ガイド）の育成・活用が重要な意義を持つ。

Column

ボランティアガイドとプロガイドの違い

　あくまで一般論であるが、ボランティアガイドとプロガイドの違いは、利用者の反応を考慮しつつ、利用者に合わせて説明し、同時に楽しませることができるスキルの有無にあると考える。プロガイドの代表ともいえる観光バスガイドの例では、沖縄のNバスに組織されている「うたバス」（ガイド）は案内・説明に加えて三線を演奏、歌って踊る、完全なエンターティナーである。一部の沖縄ツアー商品では当該商品のセールスポイントとして前面に出ている存在である。

奄美大島・大島海峡

シンガポール、マーライオンパーク

（3）観光対象の見せ方

　観光対象をいかに効果的に見せ、利用者の感動を呼び起こすかということは心理学的・人間工学的なアプローチを要するテクニカルな問題であり、その手法は学術的に確立されているとはいいがたい。

大石公園と富士山（提供：山梨県富士河口湖町）

　ここでは「経験則」に基づいて、以下の5点を示しておく。

(a)　当該観光対象の全体像を観賞・俯瞰できる視点場を整備し、その視点場も園地化するなど美化に努める。観光客による記念撮影、インスタグラム等へのアップへの対応を重視する。

(b)　元からある観光対象と調和した、また一体となった魅力ある観光対象を整備し、元からある観光対象との相乗効果を高める。追加する対象は、「調和する、目立ちすぎない、引き立たせる、変化を生む」ものであることが重要である。

　　これは(a)とも関連する。例えば山梨県富士河口湖町が開設している、河口湖北岸に位置する大石公園はラベンダーをはじめ春・夏・

秋の花を楽しむことができ、河口湖を間に挟んだ富士山の景観と公園の花景色をともに一層魅力あるものにしている。

(c)　観光対象へのアプローチは徐々に利用者の期待が高まっていくようなものとする。例えば「○○峠からの絶景展望」の感動は駐車場から多少歩いたところで、突然、観賞対象の景観が眼に飛び込んでくることが大きい。

観光対象へのアプローチと賑わい──出雲大社のケース

　観光対象へのアプローチのあり方は、アプローチ・ルートに形成された観光商店街の賑わいに大きく影響する。例えば島根県出雲市に位置する出雲大社では、マイカー・観光バスの利用に対応させて大社の「真横」に大規模駐車場を造り、それにより旧来の鉄道駅から徒歩で門前町（神門通り）を通りながら参拝に向かう観光客の流れに影響を与えた。参拝に向かう人通りに乏しくなった神門通りは賑わいを失い、衰退していった。しかし、駐車場機能を備えたイベント広場の整備とともに地元関係者の多大な努力により神門通りの賑わいは蘇った。沿道の各商店で「神門通りおもてなし協同組合」が組織されるなど、歩いて楽しい賑わいあるまちづくりへ向けた地元の取組みは高く評価されて良い。

賑わいを取り戻し、歩いて楽しめる現在の神門通り

(d)　体験要素の導入に取組む。観光客の再来訪や、SNSでの発信も含めた口コミによる魅力波及効果を期待する際に大切なことは、「記憶に残る経験」機会を与え、マーケティングでいう「経験価値」を

伝統工芸品づくりの鑑賞と体験 (奄美大島での泥染め)

「外来者の車の集落内通行は禁止」とする歴史的町並み景観地区
(左) 妻籠宿 (長野県南木曽町)、(右) 奈良井宿 (長野県塩尻市) (提供:田中三文氏)

　もたらすことである。「見る」という行為が主となる観光において、観光対象に接し、その場に身を置いた観光客が何かしらの体験をも楽しむことができれば経験価値は増す。その象徴的な例が伝統工芸品づくりである。「見る」にとどまらず、「体験」を楽しむ機会を提供している伝統工芸品産地は数多い。観光対象の下でどのような体験機会を提供できるか、知恵を出してほしい。

(e)　観光対象に接する際に自動車交通に煩わされることがないよう、車の処理を工夫する。すなわち、観光客が観光対象に接する際に地域の側が留意すべきは、周囲の車交通に煩わされることなく「安心して、ゆったり観賞 (鑑賞) できる」環境づくりである。そのため

には前述の(c)と関連する「車の処理」にどのように対応するかが重要である。今や世界の企業・地域・都市・国の共通課題となっている「持続可能な開発目標（SDGs）」をも意識して取り組んでいく必要がある。

（4）観光対象のめぐらせ方——観光ルートと観光コース

　複数の観光対象を結びつけ、「線」としてさらに魅力を強めたものを「観光ルート」という。我が国では富山県と長野県を結び、北アルプスの立山連峰の壮大な景観を楽しむことができる「立山黒部アルペンルート」が有名であり、外国人観光客の利用も多い。海外では（旧西）ドイツが第二次大戦後の経済復興の一環で米国人観光客の誘致促進の観点から中世の面影を色濃く残す町を結びつけて設定した「ロマンチック街道」や、フランスのアルザス地方においてワイン畑の間を縫うように走るアルザス・ワイン街道が著名であり、ともに我が国の旅行会社がかねてツアー商品化している。

　これら観光ルートはいわば「観光魅力を帯びた交通路線」として意味づけることができ、「立山黒部アルペンルート」の「アルペン」、「ロマンチック街道」の「中世のロマン」に見られるように、その路線の観光魅力についてどのような観点からインパクトある性格・コンセプトを与えるかが重要となる。観光ルートの成否はそうした性格・コンセプト設定によって決定的に左右される。沿道のサインや様々な媒体での表記案内に長期にわたって影響を与えることから、性格・コンセプトの設定に当たっては多方面から知恵を集め、一度決めたら広域的に関係地域が一体となって、長期にわたって訴求していく姿勢が必要である。広域的な観光ルートとして設定したものの、徐々に影を潜めていった例が少なくないからである。

　観光コースは観光旅行者が旅行を行うときの「周り方・道順・行程」をいう。当該コースの特性について配慮することなく、単純に複数の観

立山黒部アルペンルート

ロマンチック街道のまち

光地・観光対象を結んだ「周り方」を示す場合もあるが、時間・日程別、旅行目的・志向活動別、旅行形態（客層）別など、きめ細かく作成することが訴求効果は高いといえる。そこには一定の「ストーリー性」が要求される。

Column

観光ルートと観光コースの正しい意味

　観光ルートと観光コースはよく混同されて使用される。しかし、これは当該ルートまた当該コースの訴求のあり方に関わってくるので、正確に区分けしてそれぞれの設定・作成を考えたい。例えば総延長37km余り、富山県立山町と長野県大町市とを結ぶ立山黒部アルペンルートは、「観光ルート」とすると1本である。しかし、「観光コース」とすると単純なコースでは立山町側から入り大町市へ抜けて行くコース、逆に大町市側から入り立山町へ抜けて行くコースがある。加えて同ルートを所管・経営する立山黒部貫光（株）では「はじめてのアルペンルート通り抜けコース」「大パノラマと高山植物を堪能するコース」「初めてのトレッキングコース」等々、日程・季節・魅力となる活動・客層等に合わせた多様なモデルコースを訴求している。魅力ある観光ルートを基盤に、きめ細かく多様なコースを設定している。観光ルートはいわば「ハード」、観光コースは「ソフト」である。

5 農林漁業や製造業と観光との結びつけ

すでに紹介したとおり地域の農林漁業や製造業は観光レクリエーション活動の対象となる可能性を有し、実際、グリーンツーリズムや産業観光という形で多くの地域で事業展開されている。ここでは観光利用の対象として地域の農林漁業や製造業を捉え、その魅力を高め観光消費の増大に結びつけていく方策について示す。

（1）農林漁業と観光

① 観光面で付加価値となる農林漁業景観・環境を生かすこと−農林漁業の営みの重要性

「第5章」において観光地に立地する観光産業の生産性が相対的に低いことを指摘した。これには観光需要の曜日・季節変動の問題が大きいが、同時に飲食・物販・宿泊業等においては大都市圏立地と地方圏、特に地方圏の農林漁業地域に立地するものを比べると大都市圏立地の方が一般に生産性は高い。大都市圏は人口が集積し、それだけ地元の飲食・購入・宴会需要が多いからである。加えて大都市圏の場合には出張ビジネス需要が期待でき、都市ホテルの場合、平日はビジネス需要で客室を埋めることができる。さらに観光魅力に恵まれている都市なら週末は観光需要で部屋が埋まる。横浜や神戸などが、その典型である。

では地方圏立地の観光産業が大都市圏立地の観光産業より優位に立つ点は何であろうか。それは周囲の景観・環境に尽きるといってよい。ビル街の一角にあるレストランで食事を摂る場合と、のどかで心癒やされる農林漁業景観を見渡し、そうした環境下で食事を摂る場合、いずれが食事を摂る際の心理的な質が高いか、明らかであろう。すなわち農林漁業地域に立地する観光産業は提供する場所の景観や環境を付加価値としているのであり、そこが大都市圏立地の観光産業より優位性を発揮でき

る点である。

　しかし、それには地域の農林漁業そのものが元気なことが前提となる。農林漁業が衰退すれば美しい農林漁業景観は消失し、環境も変質する。したがって地域において観光振興を図るならば、同時に農林漁業の活性化とも関連づけて考えることが重要である。農林漁業の側としても観光客の来訪、そしてその飲食等をとおした地域農林水産品の消費により「販路拡大」と「知名度の向上」が期待できる。このように地域の農林漁業と観光産業は相互に支え合う存在であり、相乗効果を発揮できるものであるという認識を地域の中で形成、共有してほしい。

② **農林漁業を活用した観光事業の主なタイプ**

　農林漁業を活用し、観光レクリエーションの魅力として都市住民に提供する事業について、事業タイプごとに事例紹介を交えながら、各地域に共通する課題と取り組むべき施策について述べる。

㈠　農林漁業景観の観賞機会の提供

　地域の自然風土との深い結びつきの中で育まれてきた農林漁業景観は、それだけに地域特性を豊かに表現したものであり、時として「見る観光」の有力な対象である。とりわけ目に映える花についてはそうした傾向が強く、南房総の菜の花やポピー、砺波平野のチューリップ等、花卉園芸に関わる栽培景観は規模が大きくなるほど視覚的なインパクトも強くなり、その観光誘致力も増す。甲府盆地の桃や津軽平野のリンゴなどの果樹栽培も同様であり、花の時期には多くの観光客が訪れ、旅行会社も花の観賞をセールスポイントとするツアーを実施している。これらに加えて近年では里山・里地環境の保全への関心の盛り上がりとともに棚田への注目が高まっており、その保全と関連づけて観光面でも棚田景観を活用しようという取組みが目立ってきている。石川県輪島市の白米千枚田では「あぜのきらめき」として、棚田に２万個を超えるソーラーLEDを設置し、光のイルミネーションによる幻想的な景観は大きな観光魅力となっている。

　もっともこうした
農業景観を単に観賞
に供するだけでは観
光消費にはつながら
ない。盛期にイベン
トを催し、観賞に供
する場を設けて入場
を有料としたり、生
産物の直売を行った
り、バスツアーを誘

津軽平野のリンゴ栽培－岩木山を後景とした美しい景観
（提供：青森県）

致したりして地域内での特産品購入や飲食利用に誘導する必要がある。

　漁業景観についてはその観賞を観光事業面から意図的に活用するケー
スはあまり見られないが、沖合での漁り火、漁港での水揚げや魚市場で
の競りの光景等について地域の観光イメージ訴求の上から紹介する、定
置網起こし現場の見学を受け入れるなどは積極的に取り組みたい。

(イ)　農林水産品・加工品の販売

　生鮮農林水産品やその加工品を観光客に直接販売することは、農林漁
業の観光事業化の最も基本的な形態である。農林漁業者にとって販売価
格が市場価格に左右される市場流通ルートに委ねて出荷するのに比べ、
産地での直売は自ら値決めでき、流通コストも省けることから販売利益
も相対的に大きく、取組みやすいからである。

Column
直売店舗の設置とネーミングの工夫

　一般的なものは、主要道路の沿道などに簡易なつくりの店舗を設け、生
産者自ら販売するといった、いわば自然発生的なスタイルである。ブドウ
や梨、リンゴ、桃、イチゴなどの果樹の生産地に目につく。群馬県片品村
を走る国道120号では時期ともなるとトウモロコシの直売所が沿道に立ち
並ぶことから、一帯を「とうもろこし街道」と称している。このように当

該産物にちなむ愛称を掲げ、親しみと知名度を上げる取組みが望ましい。

Column

「道の駅」における地域特産品の販売と施設運営

　販路拡大、地元での消費促進を図るべく、行政主導で整備した「道の駅」に農林水産加工品・地域特産品販売施設を併設する例は数多い。そうした施設で産品の販売促進を図るためにはキャッチコピーやセールスポイントを明記した「POP」を掲示する、「当月の売上げベスト10」といった形で案内することが効果的である。一方、「道の駅」の運営を担う組織の立場に立てば、粗利益率がせいぜい10～15％にとどまる地元農林水産品・加工品や特産品ばかりでなく、粗利益率が30～35％に上り、しかも返品が利くことから運営利益を出しやすい（域外問屋等からの）仕入れ品をも取り扱うことに対して、行政はもちろん農林漁業者や地元事業者は理解を示す必要がある。「地元産品の販売促進」と「利益が出る施設運営」、このバランスをいかにとるか、運営組織にとっては「大いなる悩み」だからである。

Column

「市」の開設

　高山（岐阜県高山市）や輪島（石川県輪島市）、勝浦（千葉県勝浦市）、呼子（佐賀県唐津市）の朝市が代表的な例である。朝取れの野菜や漬物、魚貝類、干物等が並び、産地であるがゆえの新鮮さや廉価な点、そして売買

高山の朝市（岐阜県高山市）（提供：岐阜県高山市）

の中での売り手と買い手の語らいと触れあいの魅力が観光客を惹きつけている。これらは歴史を有し、知名度も高いが、「館鼻岸壁朝市」（青森県八戸市）や「高梁川流域『倉敷三斎市』」（岡山県倉敷市）のように比較的歴史は新しいものの地元客はもちろん観光客も集客するまでに発展している例もある。

㈡　生産活動の体験（農林業体験）機会の提供

　都市住民を対象に非日常的なレクリエーションとして農林業の体験を楽しんでもらうことで収入の拡大を図ろうと、農林業者が事業として取組んできたのが、果樹のもぎ取りなどをとおした農林産物の収穫機会の提供（以下、観光農林業）である。

　観光農林業は新鮮な農林産物を来訪者自らが収穫し、味わうことができるという点と、農林業者の側にとっても収穫期における労働力の不足問題を解決すると同時に市場価格に左右されることなく、自ら価格を決定できるという点で魅力的な事業といえる。これら観光農林業で発展してきた例に共通するのは次の3点である。

　・大都市圏から離れて立地し、広域観光ルート上に位置する地域では、山形県の観光サクランボ園や静岡県の観光イチゴ園に見られるように旅行会社と提携して旅行商品に組み入れてもらったり、山梨県の観光ブドウ園のように近隣の宿泊観光地のホテル・旅館と連携してともにPR・宣伝に努めたりしていること

　・大都市圏に近接する地域では、埼玉県秩父地方の観光農園に見られるように日帰りのファミリー客を対象に半日から1日楽しく過ごせる空間を整備したり、そば打ちやジャムづくり等々、各種の体験プログラムを提供したりしていること

　・単一の作目では利用時期が限定されるため、収穫時期の異なる複数の作目を手がけて利用期間を拡大する、また付加的な収入拡大を目指してバーベキューなど飲食を提供したり、通信販売による産地直送に取組んだりしていること

　こうした工夫をしながら発展を遂げてきた観光農林業であるが、近年は翳りが見られる。これには、消費者の観光レクリエーション旅行ニーズが変化する中で、観光ビジネスとして捉えたときに多くが受け入れ面で問題を抱えており、例えばトイレ・休憩施設等が貧弱な水準にとどまっている例が目立つこと、さらにもはや「擬似的な」もぎ取り体験や画

一的なサービスでは本物体験を求める利用者を満足させることができなくなっていることが影響している。したがって今後は、利用者の側に立った受け入れ環境を整えるとともに、利用者と生産者との触れ合いを深めつつ、当該生産物の価値を消費者に伝えていく工夫が求められる。

Column

観光農林業における「学びの要素」の導入と生産物の価値訴求

　「イチゴ狩り、30分、イチゴ食べ放題」。このような「もぎ取り体験」がいつまで続くのであろうか。再来訪へ結びつけ、同時に通信販売等をとおした販売促進を期すには、当該産品の美味しさの背景や特性、価値をしっかりと伝えることが大切である。地域の自然風土と

トウモロコシの「粒」と「ひげ」の数の関係を問いかけた上で、とうもろこし狩りを楽しませる農業体験プログラム（新潟県南魚沼市）（提供：NPO法人六日町観光協会）

の関係、栽培技術改良の苦労、そうしたことの結果としての「美味しさ」の源泉等々、これらを来訪者に楽しくわかりやすく伝え、「なるほど！　そうだったのか！」と感嘆させること、そうした説明と収穫体験とを一連の「体験プログラム」化することである。価値が理解されればその場での購入に結びつく。

㈔　農林水産品を生かした、魅力ある食の提供

　地域で産出される生鮮農林水産品を原材料とする「食」の魅力は観光魅力の中でも有力なものであり、いわゆる「B級グルメ」など、各地域が「食」の魅力を前面に出して観光客の誘致に取り組んでいる。そうした例はあまりにも数多いので、ここでは「生産現場において景観・環境を付加価値として素朴な食べさせ方を魅力として提供する」例を紹介しておく。好例として、実際に海女が海女漁を行うときの漁具を展示する「海女小屋」で、魚介類を眼前で焼いてくれる海女との語らいを楽しむ

海女小屋での食事と体験（三重県鳥羽市）（提供：三　　岸壁炉ばた（北海道釧路市）（提供：千葉千枝子氏）
重県鳥羽市）

ことができる、三重県鳥羽市の「海女小屋」体験を挙げることができる。
これは外国人観光客にも人気である。この種のものは「カキ小屋」（能
登半島、有明海沿岸等）、「岸壁炉ばた」（北海道釧路市）、内水面における
鮎の簗場なども同様である。農業者が取り組む農家レストランも同じで
ある。

（2）製造業と観光

①　産業観光の振興に取り組む地域と産業観光振興の意義

　製造業の生産活動に関わる施設・設備・技術・製品・生産過程等を対
象とする観光としての産業観光は、焼き物や漆器、織物などの工芸品を
産する伝統的地場産業立地地域でかねて取り組まれてきた。近年ではそ
うした地域ばかりではなく、「工場萌え」・「工場夜景」といった事象に
見られるように近代的生産設備を持つ工場が集積する地域においてその
振興に取り組むケースが目立つようになってきた。室蘭市（北海道）、
川崎市（神奈川県）、四日市市（三重県）、宇部市（山口県）等が好例であ
る。宇部市などでは「宇部・美祢・山陽小野田産業観光推進協議会」が
組織されており、「CSRツーリズム」として2019年に23本もの産業観光
バスツアーを企画・設定している。また一定程度の面的な広がりで近代

ノコギリ屋根の工場をベーカリー・カフェに転用（群馬県桐生市）（提供：群馬県桐生市）

化産業遺産を保有する地域では
個性的で魅力ある観光まちづく
りのテーマに産業遺産の活用を
据え、観光振興に取組んでいる。
かつて織物生産に用いられたノ
コギリ屋根工場をまちづくりに
活用する桐生市（群馬県）、国際
貿易で栄えた歴史を生かして
「門司港レトロ」として展開す

門司港レトロ（福岡県北九州市）

る北九州市（福岡県）はその代表であろう。

　こうした産業観光の振興に関わる取組みは既存の産業立地・企業立地
を生かして観光と結びつけた新たな産業振興、雇用の場の増大、地域の
活性化を図る上で意義は大きい。国が進めるインバウンドやMICEの振
興との関連でも産業観光が果たす意義は大である。地域に賦存する伝統
的・近代的な産業・技術の集積、そしてその発展の歴史は、対象国によ
って「訴求資源の選択と見せ方、伝え方」は異なる場合があるものの、
外国人によるビジネス・トラベル客のみならず観光客の誘致に有用な資
源となる。またMICE関連で地域を訪れた人々を対象とする観光プログ
ラムとして産業観光は有意義なものであり、MICEと産業観光の親和性

は高い。

②　産業観光振興の課題とその対応

　産業観光はいわば「古くて、新しい観光」であるが、その振興を図るに当たっては、課題が少なくない。

㈠　企業側の理解の促進

　産業観光の受け入れに関して、施設が実際に稼働している近代的工場における対応は必ずしも円滑ではなく、利用者の受け入れに消極的な企業が少なくない。そうした企業で聞かれるのは、「『観光』の対象にされたり、まして旅行会社や観光バス会社の営利事業に利用されたりするのは困る」「受け入れた結果、かえって企業活動や事業内容を誤解されては困る」「企業秘密の漏えいにつながりかねない」「場所によっては危険で、賠償問題などを引き起こしたくない」等の不安や危惧を抱いているケースが多い。

　こうした企業側の不安や危惧を解消すべく、企業側における産業観光の意義、例えば今後ますます問われてくる「企業としての社会貢献・地域貢献」はもちろん、「企業理念や保有技術・製品のPR」「企業イメージの向上と消費者の信頼感醸成」「新たな顧客開拓」「消費者による評価情報に接することによる消費者ニーズの把握と新たな製品開発・用途開発の可能性」「ものづくりに対する消費者の理解の深まり、ひいては人材確保」といった事柄の理解を促進する必要がある。

㈡　企業側の受け入れ事情を踏まえた取組み

　産業観光における企業側の受け入れ条件は、企業秘密やセキュリティ上の問題、さらに受け入れキャパシティ等から制約を受けることは否めない。ここのところは個々の企業ごとに受け入れ条件を定め、可能な範囲で受け入れに対応していく姿勢が望まれる。重要なことは、そうした受け入れ対応ルールを明示し、地域レベルでデータベース化していくこと（**図表6－4**）である。さらに企業に対しては産業技術の歴史を知り、生産現場に触れることが将来的な産業及び技術の発展につながっていく

図表6－4　産業観光受け入れに向けた必要施設情報

把握項目	内容
①受け入れに際しての事前予約の必要性	1. 必要　　2. 必要としない
②受け入れ可能人数	1. 一定規模のグループ・団体に限れば可能 　　→①最低（　　　　）人以上なら、受け入れ可能 　　→②最多でも、（　　　　）人程度までなら、同等に受け入れ可能 2. 個人でも受け入れは可能
③受け入れ可能なグループ・団体の性格	1. 域内の学校関係 　　→①小学生以上　　②中学生以上　　③高校生以上 2. 域外でも学校関係なら基本的に受け入れ可能 　　→①小学生以上　　②中学生以上　　③高校生以上 3. 工業高校や商業高校限定 4. 企業・業界関係の視察限定 5. 同業者・競合他社の人間が入っていなければ受け入れ可能 6. 行政や商工団体、観光協会の仲介があれば可能 7. 修学旅行等、旅行会社から依頼された団体　　8. その他
④受け入れる場合の案内体制	1. 社員が案内　　2. OBやOGが案内 3. 市民のボランティアでの対応希望 4. その他
⑤受け入れ料金の徴収	1. 徴収（小人、大人、団体（学校団体、一般団体））　　2. 無料
⑥資料・展示施設の有無	1. 見学可能な展示施設がある 　　→①有料（小人、大人、団体（学校団体、一般団体）） 　　　②無料 2. 公開している展示施設はない　　3. 近いうちに整備予定
⑦受け入れた場合に、提供可能なコト・モノ	1. 案内パンフレットの提供　　2. ビデオやPCを用いた説明 3. 製品・商品、オリジナル・グッズ等のプレゼント 4. なにかしらの製作体験（その内容　　　　　　　　） 5. 実際の製作・生産現場・作業工程の見学 　　→①一部のみ可能　　②その時々の状況により、おおむねすべて可能 　　　③別途、つくっている資料館・博物館・PR施設でのみ可能 6. 茶菓の提供　①有料　　②無料 7. 駐車場の使用 　　①大型バス用（　台分）　②マイクロバス用（　台分） 　　③マイカー（　台分） 8. 学習室・会議室の利用
⑧見学所要時間	目安として（　　分～　　分）程度

出典：筆者作成

という産業観光の意義を理解してもらうよう働きかけることも重要である。

　このように受け入れ拡大の方向で取組みを重ねていくことが、産業観光による地域振興には欠かせない。

(ウ)　産業観光への取組みに伴うコストの吸収

　施設が実際に稼働し、産業観光の受け入れに取り組んでいる企業においても必ずしも利用者の増加を歓迎しないケースが見られる。これには利用者の受け入れに伴うコストの問題がある。実際、見学者の安全確保対策に関わる投資、受け入れ・案内に関わる人的コスト、案内資料制作に関わるコスト等、相応の費用が発生する。したがって産業観光の持続的な展開を図っていく上で、「利用者が増えれば増えるほどコストが増していく」という構図を解決する必要がある。

　このための方策として、売店を設ける、有料の体験観光プログラムを用意する、「お茶付きの案内・解説と関連資料の提供をセットにした」有料のプログラムで対応する等の対応を取っているケースも見られる。産業観光への取組みが一定の収益を生み、関連コストを吸収していけるような、こうした仕組みづくりが必要とされる。

(エ)　産業観光の魅力の伝え方の工夫

　産業観光はいわば「学習型観光」であり、その魅力は当該企業や産業、技術等に関する特徴や価値、地域内での産業連関、そして立地及び発展の歴史の中での地域特性との関係等々について理解し、感嘆することにある。

　したがってこれらを伝えるに当たっては、正確で、しかも伝える役割を担う人によってバラツキが出ない対応が求められる。同時に利用者の知識と関心の持ち方は客層によっても異なり、それぞれに適した案内・説明が必要とされる。しかし現実的には、こうしたガイド（あるいはインタープリター）を十分に擁している施設は一部の伝統的地場産業や飲食料品関係の企業、あるいは博物館・科学館等の形で常設の展示紹介施

設を整備しているケースを除いては限られている。この点、産業観光の魅力を的確に伝え、利用者の知的満足感を引き出すためには、相応の人材の育成・確保、さらに案内・説明情報の体系的な編集と

外国人観光客対応も含め、案内・説明が充実している企業博物館（東芝未来科学館、神奈川県川崎市）（提供：東芝未来科学館）

標準的なマニュアルづくり、案内プログラムづくりが不可欠である。

第7章

今や必須の観光地マーケティング

• •

マーケティング力を磨かなければ観光地間の競争に生き残れない時代になっている。そのためには、きめ細かなマーケット・セグメンテーション、それにSWOT分析結果等を関連づけてターゲット市場を定め、対応施策を集中させていくことが大切である。

観光プロモーションとは、観光者の地域への観光行動を促進するための活動である。それには旅行者による一連の観光行動の段階に応じて旅行者が必要とする情報を、適切な手段（媒体）により発信することが求められる。情報発信においては、現状、SNSの影響力が大きい。ただしSNSは、その特徴を踏まえた活用が必要である。他方、プレスリリースなど、自ら消費者に情報を発信するパブリシティ活動は依然重要である。「観光まちづくり」に関わる取組みなどを積極的に情報提供していく姿勢が求められる。

また旅行関連メディアや旅行会社の影響力も見逃せない。それぞれとの「付き合い方」をよく知り、その力を生かしていきたい。

本章では以上のような観光地マーケティングの考え方と手法、実践的かつ効果的な誘客プロモーションの取組み方について説明する。

1 観光地のマーケティングとは

（1）なぜ、観光にマーケティングが必要か

①　観光地マーケティングが必要な時代

　マーケティング力を磨かなければ観光地間の競争に生き残れない時代になっている。著名な自然景勝地や名所旧跡を訪ねるといったタイプの旅行が大半を占めた時代は利用の対象となる観光地も限られ、天賦の自然資源や歴史的な資源に恵まれてさえすれば、需要動向の把握、市場開拓など特にせずとも観光客は来てくれた。しかし人々の旅行経験が増え、旅行ニーズも多様化した今日では、選ばれる観光地も一様ではなくなる。観光地自体、旅行者ニーズの多様化に対応して様々なタイプのものが増え、競争が激しくなっている。そうした中にあって、今後、地域が観光振興に取組み、利用促進を図っていくには、的確な魅力づくりと売り方を考えなければ実際に需要として顕在化してこない。観光地にもマーケティングの考え方が必要不可欠な理由がここにある。

②　観光客視点で価値提案することが必要

　マーケティング発想で観光地経営を進めるということは「いかに観光需要を創造するか、開発するか」ということであり、そのためにまずは「観光客の視点で考えよ」ということにほかならない。観光地側にいる主体（自治体、地元の観光関連団体、地元民間企業）は、観光客の目線で自らの域内の観光魅力要素を域外の観光客に受け入れてもらえる「提案」をつくらなければならない。そのためにはマーケティング・プロセスの理解が必要になってくる。

　また、観光地は自らの資源が持つ価値を観光客に向けて発信するとき、どの情報をどの観光客に向けるべきかを慎重に検討しなければならない。この作業は「ターゲティング」そのものである。実際には観光地が誘致したい観光客にその情報が的確に届いていなければ失敗に終わ

る。観光客自身のニーズと観光地の魅力要素が持つ価値とを結びつけることができて初めてマーケティング活動が成功したといえる。このような特性は「質的マッチング」と呼ぶものであり、マーケティングの本質的要素である。

③　競争市場で勝ち抜くための経営手法が必要

マーケティングという行為は「顧客自身が自分の問題とその解決方法を明確に知り得ていないこと」、そして「個人や企業の財・サービスに対する需要よりも供給が上回っている状態、すなわち市場が供給過剰の状態である」といった前提のもとで成り立つ経営手法である。この前提条件は思いのほか見過ごされているが、こうした前提のもとで市場環境の変化と照らし合わせてマーケティング戦略を決めていかなければならない。

そこで観光地がマーケティングを展開していくに当たり、検討すべき項目を**図表7－1**に示す。

図表7－1　観光地のマーケティング実施に関わる検討課題

キーワード	考慮すべき検討課題
体制 (System)	マーケティング推進体制・組織の確立・運営、観光計画策定、KPI設定　など
競争 (Competition)	グローバル規模の観光地間競争、レジャーやサービスの多様化による旅行の地位変化　など
連携 (Alliance)	広域連携、多様な主体の連携　など
振興 (Promotion)	農林漁業・地場産業との関係、6次産業化対策、地域の活力向上　など
管理 (Management)	地域資源(魅力要素)の開発、資源保護・維持管理、人的資源の確保・育成(観光産業の人手不足問題への対応)　など
移動 (Mobility)	広域的なアクセス、地域内モビリティ、MaaS(移動のサービス化)への取組み　など

出典：筆者作成

（2）**観光地マーケティングのステップ**

①　**観光地マーケティングの枠組み**

　観光地自らが組織したマーケティング推進体制によって観光客誘致を進めていくに当たって基本とすべき視点は以下の5点である。

- ・自らの観光魅力（コンテンツ・種類・内容）は何か？
- ・どの都市・地域に居住する、どのような客層を誘致対象とするのか、誘致したいのか？
- ・自らの観光魅力と照らし合わせて、誘致対象とする観光客にとって何が価値となるのか？
- ・自らの観光魅力（コンテンツ・種類・内容）は市場環境と照らし合わせてこれからどうなっていくか？
- ・自地域は観光地としてこれからどうなっていくべきか、どのようにしていきたいのか？

　ここで注意しなければならないのは、行政のまちづくりや観光推進の部署だけが観光地マーケティングを実行するのでは不十分だということである。優れたマーケティング組織では、組織全体の一人ひとりにマーケティング発想が浸透しているのである。

②　**観光地マーケティングのステップ**

　観光地マーケティングを実行していくときのステップを次に示す。

〈ステップ1：観光地コンセプトを作成する〉

　誘致の対象とする観光旅行者の旅行目的やニーズ、希望する体験、その体験から何を得たいのかを各種調査も活用しつつ把握する。同時に自らの観光魅力を踏まえて訴求・提案すべきコンセプトを作成する。

〈ステップ2：観光地の魅力要素を訴求・提案する〉

　対象市場・客層をセグメント別に捉え、どの市場・客層に向けてどのような魅力要素を訴求・提案するのか、その発信手段とともに検討し、実行する。

〈ステップ3：観光客誘致策を評価する〉

　実行した観光客誘致策に関する評価を行う。目的や目標が未達成と判断される場合は、観光コンセプト及び訴求・提案した魅力要素についての検証が不可欠である。

〈ステップ４：観光地に対する満足度評価を行う〉

　観光客の満足度調査を行う。「ブランド」とはある意味「品質保証」であり、事後の品質評価と、品質改善に役立つ情報を入手する。

〈ステップ５：再訪や他者への推奨を促すプロモーションを実践する〉

　リピーター、ファン、信奉者を創出するため、アフタープロモーションを実践する。

（３）インターネット調査利用時の留意点と観光の基礎統計調査

①　データドリブン・マーケティングの重要性

　市場調査はマーケティング・プロセスの中で、最初に登場し、その後のステップに影響を与える重要なものである。的確な市場調査から得られるデータは観光地振興・観光客誘致に関わる施策の企画・立案の基礎となるものである。データドリブン・マーケティングとは、そうしたデータの活用を重視したマーケティング手法をいう。信頼できるデータによる根拠をもとに施策を定めることで、効果的な施策を打つことができる。

②　インターネット調査の仕組みと利用時の留意点

　昨今、パソコンやスマートフォンを使って容易にアンケート調査ができる。こうしたインターネットを介した調査のことを「インターネット調査」と呼ぶが、この調査は従来の方法（質問票の配布、聞き取り調査など）と比べて、「簡単に、廉価で、迅速に」実施できるメリットがある（**図表７−２**）。今やインターネット調査によるデータをマーケティング情報に活用することは当たり前のこととなっている。

　しかし、インターネット調査によって得られた結果は、正確さと透明性がおろそかにされていて、「客観性」という点において疑問が残ると

図表7-2　インターネット調査の特徴

メリット	①個人単位で簡単に実施できる ②低コストで実施可能 ③分析結果を迅速に公表できる
注意点	①母集団に偏りが生じやすい ②サンプルの問題として、誰をどのような基準で選んだのか、サンプル数と回収率は適正か ③自己参加型の方式が多く、偽名での登録も可能であるため、なりすましや建前・誇張・虚偽回答などの不正回答の混入の恐れが少なからずある ④質問内容について回答者が誤った解釈をする恐れがある ⑤調査企画者が無意識の誘導質問をしている

出典：大隅（2006年）（2008年）を基に筆者作成

いう批判も多い。つまり、**図表7-2**に示したようにインターネット調査には注意点も多いことを理解した上で、インターネット調査を利用するときは、調査の本質を十分に見極めてから利用すべきである。以下、統計調査を見るときの注意点を整理する。

・調査の主体は誰か……統計の出所はどこか

・どういう方法で調査されているか……サンプルの選び方とサンプル数が適切、かつ明確であるか。

・都合の良いデータだけが公表されていないか……公表されたデータの多くはデータ作成者の目的に合わせた内容になっていることが多い。その裏側に隠れているデータ、都合の悪いデータの存在に注意する必要がある。

・「相関関係」と「因果関係」の区別がされているか……複数の要素について単に関係があることを意味する「相関関係」を、「因果関係」にすり替えていないか、また勘違いしていないか確認する。

③　観光地マーケティングに関わる基礎統計調査

観光関連の統計は主として、①日常時における国民の旅行に対する意識・意向やレジャー活動の動向を把握する調査、②旅行実施の実態（入込客数、出入国数、宿泊数、消費額など）を把握する調査に分かれる。こ

れに「量的動向」と「質的動向」の把握を加えて、我が国で活用可能な観光統計を整理すると**図表7-3**のようである。

このうち、国内観光の現況に関する、国内旅行消費額（宿泊・日帰り）、延べ宿泊客数（日本人・外国人）、主要旅行業者の旅行取扱状況（海外旅行・訪日外国人旅行・国内旅行）、訪日外国人旅行者数、出国日本人旅行者数は毎月公表されている。

このほかインバウンド振興に関しては、国別の市場データをまとめた「訪日旅行データハンドブック」（日本政府観光局）がマーケティングに有用である。さらに、最近ではビッグデータの活用といった観点から「観光予報プラットフォーム」（観光予報プラットフォーム推進協議会）がある。これは地域の活性化やサービス事業者の生産性向上を目指す自治体、観光協会、DMO、企業に対して、宿泊を基軸にした「観光」に関連、必要とされるデータを提供するプラットフォームであり、ターゲット・マーケティングの実施に活用可能である。

図表7-3 観光地マーケティングに利用可能な統計調査

	量的把握	質的把握
日常時の実態を把握する統計調査	①社会生活基本調査（生活時間の調査）(総務省統計局) ②家計調査（レジャー消費の把握）(総務省統計局)	①観光の実態と志向（希望する旅行など）(公益社団法人日本観光振興協会) ②社会生活基本調査（旅行への行動率など）(総務省統計局) ③レジャー白書（各種レジャーへの参加実施率など）(公益財団法人日本生産性本部)
旅行時の実態を把握する統計調査	①旅行・観光消費動向調査（観光庁） ②宿泊旅行統計調査（観光庁） ③訪日外国人消費動向調査（観光庁）	観光の実態と志向

出典：筆者作成

2 観光地のSTPマーケティングとプロモーション

（1）観光地マーケティングとSTP

① 「STP」とは

　「STP」とは、セグメンテーション（Segmentation：細分化）、ターゲティング（Targeting：標的化）、ポジショニング（Positioning：立ち位置の明確化）の頭文字から構成されるマーケティング手法を意味し、マーケティング活動を成功に導く重要な考え方である。

　かつてマス・ツーリズムの時代は、いわば「10人1色」といった旅行志向であったから、マーケット（市場）セグメンテーションの必要はほとんどなかった。しかし、今や旅行ニーズは多様化し、また1人の人がTPOに応じて様々な旅行をする「1人10色」ともいわれる時代である。

　こうした様々な市場について、それぞれ複数の細分化されたセグメント（市場）として捉え、それぞれのニーズや期待をきめ細かく把握し、それぞれが求める「経験価値」の充足に向けて、地域がどのように観光魅力を訴求していくか。これら一連の事項を検討・決定していく過程がSTP分析である。

② 観光におけるセグメンテーション

　セグメンテーションとは、もはや一律、十把一絡げでは捉えることができない市場を、属性や特性ごとに複数の「市場集団」（＝セグメント）に細分化することである。この市場細分化の成否は細分化するべき「要素」をどのように見いだすかにかかってくるが、一般には性、年齢、居住地（都市圏、国）、所得、価値観といった個人的な属性が用いられることが多い。

　しかし観光旅行の場合には、それらに加えて「旅行形態（同行者）」及び「ライフステージ」が強く影響する。「誰と一緒に行く旅行か」で旅行目的・内容が決定的に左右されるからである。そこで例えば（公財）

日本交通公社が毎年実施する「JTBF旅行実態調査」では、**図表7-4**に紹介するセグメント（市場）を設定し、消費者の旅行特性をそれぞれのセグメント（市場）ごとに測っている。

　すなわち市場細分化は顧客ニーズの細分化と直結し、対象とするセグメント（市場）に向けて、いかなる観光商品・サービスコンセプトを訴求・提案するかということにつながっていく。

　また地域の観光魅力要素に即して設定したコンセプトを例えば「フォトジェニックな（観光的に映える要素を持った）スポット、魅力体験」とした場合、このコンセプトをそのまま訴求すべきセグメント（市場）として設定することも可能である。それによりおのずと講じるべき具体的なマーケティング手法も決定できる。

③　SWOT分析の意味

　ターゲティングとポジショニングを明確にする際の前提は、自らの強みや弱みの把握、また当該地域の観光振興をめぐる外的な環境条件の把

図表7-4　観光におけるマーケットセグメントの例

旅行形態（同行者）	ライフステージ
家族旅行	乳幼児の子どもと一緒(小中高生を含まない)
	小中高生の子どもと一緒(乳幼児を含まない)
	18歳以上のみの家族旅行
	3世代家族旅行
夫婦・カップル旅行	カップルでの旅行
	夫婦での旅行(子どもなし)
	子育て中の夫婦での旅行(末子が18歳未満)
	子育て後の夫婦での旅行(末子が18歳以上)
友人旅行	未婚男性・女性による友人旅行
	既婚男性・女性による友人旅行
	(以下、略)
一人旅	―

出典：公益財団法人日本交通公社『旅行年報2018』を基に一部修正

握である。観光地間競争が激化している現在、自らの観光魅力の比較優位・比較劣位といった内的条件、そして競争環境等の外的条件を明確にしなければならない。その手法としてよく用いられるのがSWOT分析、つまり内的条件である自らの「強み（Strength）」「弱み（Weakness）」、外的条件である「機会（Opportunity）」「脅威（Threat）」を明らかにする分析手法である。そのイメージを**図表7－5**に示す。

　さらにSWOT分析を踏まえて、一歩進んだ具体的な戦略を策定するには「クロスSWOT分析」が有効である。その考え方そのものは難しいものではなく、端的にいえば、

　　・「機会」を生かして「強み」を実現・発揮するにはどうするか？さらに「弱み」を解消、あるいは改善するにはどうするか？

　　・「脅威」に対して、「強み」をどのように生かすか、あるいは回避するか、乗り切るか？さらに「弱み」が致命傷とならないような対応をどう工夫するか？

といった思考回路で考えるものである。

　こうしたSWOT分析、ひいてはクロスSWOT分析を的確なものにするためには外部の専門家も交え、立場が異なる多様な人々で議論することが大切である。

図表7－5　「仮想地域」のSWOT分析のイメージ

S：強み	W：弱み
・地域固有の勇壮な「祭り」が存在する ・全国的にも著名な文学人ゆかりの地である　等	・観光資源が花や祭りなど、季節性のある資源に偏る ・主要な広域観光ルートから外れる　等
O：機会	T：脅威
・高速道路の延伸整備が予定されている ・市場環境として「学ぶ観光」ニーズが増大している　等	・周辺圏域で長期間にわたり大規模観光イベントが開催される ・周辺地域で低廉宿泊施設の立地が目立って増えている　等

出典：筆者作成

④　観光地におけるターゲティングとポジショニング

　観光地マーケティングを効果的なものとして進めていくには、前述したきめ細かなマーケット・セグメンテーション、それにSWOT分析結果等を関連づけて、誘致すべき、誘致したいとする対象市場を定め、対応施策を集中させていくことが大切である。それが観光地におけるターゲティングということである。

　ただし対象として設定したセグメント（市場）についてはその規模（つまりコストパフォーマンスの観点からいってあまりに小規模な市場では地域振興効果が薄い）、そして特性をよく見極めなければならない。例えば「家族の団らんを旅行目的とする３世代旅行」を企図する消費者は遠距離の観光地にはまず行かない。その旅行行動圏は近距離圏にとどまる、そして自然資源や歴史文化資源を観賞（鑑賞）する活動は行わないであろう。地域の側に立った観光地マーケティングの立場から留意する必要があるのは、こうした対象市場と自地域との間の物理的・時間的・経済的距離である。この物理的・時間的・経済的距離によって志向される旅行目的・内容が異なってくるならば、自地域が対象市場から日帰り圏又は１泊圏、さらには遠距離圏に位置するのかによって訴求コンセプト・コンテンツは異なってくる。これらを体系的・論理的に検討して対象市場を設定することが、観光地における正しいターゲティングである。究極的には、「当該地域にとって価値のある人を見つけ、定める」ことが良いターゲティングといえる。

　ポジショニングは「ターゲット」として設定したセグメント（市場）に対して、他地域との比較の中で自地域の「ポジション（立ち位置）」を決定する作業である。具体的には、他地域と比較しつつ、自地域の比較優位の観光地ブランド・観光魅力要素を明確にし、差別化できるコンセプトやイメージ形成と浸透を図るものである。

　もっとも観光客が知覚する観光地イメージは主観的であり、同じ観光魅力要素（温泉や歴史など）でも人によって違いが生じてくる。したが

って観光地が有効なポジショニングを展開するには、明確な比較優位の、消費者が他地域と差別化認識できる観光魅力要素が必要となる。当該地域ならではの「独自性」がその基盤であり、すでに当該地域への訪問経験のある再訪客に対しても、その観光活動に占める当該地域の存在感を高めるよう、当該地域ならではの「独自性」のある多様な「楽しませ方」の工夫・演出が求められよう。

　なお、こうしたポジショニングに伴う問題点として、長年培ってきた観光地としての伝統・歴史や既存の観光地観、観光魅力要素に左右され、発想や思考の自由度が小さくなることが指摘できる。この場合、「リポジショニング」をして新たな観光魅力要素をつくり出すことが大切で、ここでもまたターゲットに設定したセグメント（市場）を念頭に置いた（前述の）SWOT分析が必要とされる。

（2）観光プロモーションのありよう

①　プロモーションの目的

　観光地における観光プロモーションとは、観光者の地域への観光行動を促進するための活動であり、観光地と観光客との間に展開されるダイレクトなコミュニケーションである。そのコミュニケーションの先にあるのは、顧客となる観光客の「想い」の形成であり、その増大を図ることである。

　観光活動が成立するには観光客が観光地を訪れ、そこで観光魅力要素を体験することが欠かせない。また「誘致」という表現には、観光地側が観光客をコントロールして、観光地側が意図した方向に観光客を導くという意味合いがある。観光客を誘致するに当たり、観光地側が観光客よりも多くの情報を持っている状態にある方が有利に展開することができる。つまり、観光地と観光客との間に生じる「情報格差」が大きければ大きいほど、観光プロモーションの効果は高まる。

②　共創参加型プロモーションの展開

　観光地における観光プロモーション手法を検討するに当たり、まずは当該観光地への訪問動機づけを行い、当該観光地の認知を促進すること、そして当該観光地への共感を持たせて、最後に当該観光地における商品・サービス購入に向けた動機づけ、といった手順を押さえておく必要がある。このときの観光プロモーション活動は、観光情報が氾濫する現在、いわば「共創参加型プロモーション」とすることが望ましい。

　当該観光地への訪問動機づけと認知促進、すなわち「（旅行の）想起、計画、予約、購入」段階では、当該観光地の認知と理解を促すプロモーションを行う必要がある。一度も訪れたことのない未体験顧客に向けた情報発信をすることになるため、人が多く集まる会場などを利用して魅力体験要素を体験できるイベントなどを企画・実施して、共感を獲得する手法が考えられる。

　当該観光地への共感を持たせて、当該観光地における商品・サービス購入に向けた動機づけを行う段階は、平たくいえば、実際に旅行中という段階にある。この段階では、実際に現地で体験できる「楽しみ」に関わる情報提供に加え、訪れた際に必ず享受できる特典などを体験内容に応じてつけることも有効な方法である。

　以上、共創参加型プロモーションについて説明してきた。しかし、観光地のプロモーション活動のありようは前述したターゲティング及びポジショニングと関連して多様である。自地域の観光マーケティング展開に照らし合わせたプロモーション活動の展開が望まれる。

【参考文献】
岩本俊幸『担当になったら知っておきたい「販売促進」実践講座』（日本実業出版社、2017年）
上原征彦『マーケティング戦略論—実践パラダイムの再構築』（有斐閣、1999年）
大隅昇「インターネット調査の何が問題か」新情報 vol.91（2004年12月）1～24頁
大隅昇「インターネット調査の抱える課題と今後の展開（特集　電子的調査情報収集

法の動向－インターネット調査／オンライン調査）」ESTRELA No.143（2006年2月）
2～11頁

大隅昇「これからの社会調査－インターネット調査の可能性と課題」日本健康教育学
会誌16巻4号（2008年11月）196～205頁

恩蔵直人『マーケティング〈第2版〉』（日本経済新聞出版社、2019年）

公益財団法人日本交通公社編『観光地経営の視点と実践［第2版］』（丸善出版、2019年）

国土交通省総合政策局観光企画課「我が国の観光統計の整備に関する調査報告書」
（2005年8月）

ダレル・ハフ著／高木秀玄訳『統計でウソをつく法：数式を使わない統計学入門』（講
談社、1968年）

中野崇『プロが教えるマーケティングリサーチとデータ分析の基本：良質な仮説が調
査成功のカギ　アクションにつながる実践的なリサーチのポイント』（すばる舎、
2018年）

波田浩之『新版　広告の基本』（日本実業出版社、2018年）

3 観光情報の発信と地域での効果的な情報提供

（1）人々の旅行企画・実施と求められる観光情報

　人々が「観光に行こう」と思う動機は「行ったことのないところに行
ってみたい」といった観光旅行そのものへの志向以外にも、「家族で過
ごしたい」「ゆっくりしたい」「リフレッシュしたい」等、様々である。

　人々は、そうした観光旅行の目的に適う観光地を調べ、比較検討し、
旅行行程を確認し、予約・購入して旅行に出発する。また、旅行中であ
っても、その土地の観光ポイントや特産品、食に関する情報を調べ、楽
しむ。さらに旅行後において、旅行中に感動した体験や食事、満足した
サービス等について、親しい人に話し、時にはSNSに投稿する。

　こうした人々の一連の観光行動は、「カスタマージャーニー」（The
Customer Journey）として整理されている（**図表7－6**）。

　地域はこうしたカスタマージャーニーを踏まえながら、それぞれの段
階に応じて旅行者が必要とする情報を、適切な手段（媒体）により発信
することが求められる。とりわけ旅行中に求められる観光情報がスマー
トフォンの普及とともに、需要が高まっている。それだけに旅行者が現

図表7－6　カスタマージャーニー (The Customer Journey)

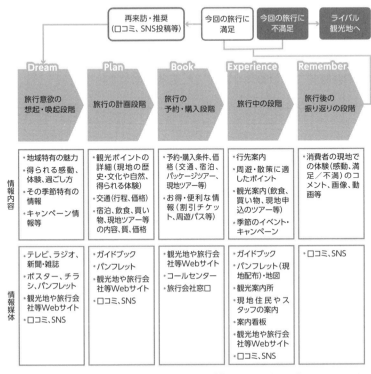

出典：UNWTO (UN World Tourism Organization)「A Practical Guide to Tourism Destination Management」 (2007年) p18 を基に筆者作成

地で必要とする観光ポイントや食に関する情報、行き先経路案内、そして旅行者の満足度を高めるために、地元のお薦め情報等現地でしか手に入らない情報を提供することが求められる。

　また振り返りの段階では、旅行者が感動した体験や満足したサービス等の経験談をホームページ（ブログ等）に書き込んだり、SNSで発信することが多くなっている。こうした実体験による評価情報は人々の観光地選定に最も影響を与える情報の一つとなっている。この種の情報は観光地を訪れた人々が主体となって発信するものであり、地域側がコント

ロールすることは困難であるが、SNS上でのコミュニケーションを通じて旅行者に感想等の発信を促すことや、不満があった場合のフォローアップによる不満の解消等に取組むことが必要不可欠である。

（2）情報媒体ごとの特性を踏まえた観光情報の発信手法

①　広く多くの人々に発信する手法

　広く多くの人々に地域の観光の魅力を伝える代表的な手法として、テレビ、ラジオ、新聞、雑誌等のマスメディアの活用がある。これらは有料広告として発信する場合が多いが、地域側が積極的にプレスリリースを作成し各メディアへ送付したり、現地取材を依頼したりすることによって記事として掲載される場合もある。

　マスメディア以外では、駅・空港・高速道路のサービスエリア、「道の駅」といった交通施設や商業施設等の、人が多く集まる場所でのポスター掲示やチラシの配布がある。

　インターネット広告も近年盛んに実施されているが、インターネット広告はWeb上に広告を表示させるバナー広告のほか、検索連動型広告（リスティング広告）といった、人々が検索する、地名・温泉等のワードに応じてテキスト広告を表示させるものがある。

　これらの手法は「広告」として一定の費用が必要である場合が多く、画像や動画等によるイメージが重視される反面、詳細な情報は伝えにくい面もある。そのため地域側の問い合わせ窓口や公式ホームページ等への誘導が必要となる。

②　特定層に絞って発信する手法

　地域の特色（強み）や発信したい情報テーマに関心を持つ人々にターゲットを合わせ、情報媒体を選択することによって、比較的低予算で効果的な情報発信も可能である。

　例えば、歴史、生活文化、食、伝統工芸、自然・アウトドア体験等のライフスタイル（趣味・嗜好）や子育て期間等のライフステージ、年齢

に合わせた情報を発信するために、固定的な読者や会員を有する「ライフスタイル雑誌」とタイアップし、取材記事や広告等を掲載したり、メールマガジンや会員誌等を通じて情報発信を行ったりする手法もある。

　地域が公式メールマガジンや公式SNSを有している場合には、登録者への発信も有効である。これらは会員への直接の周知とともに、会員からの情報拡散による、より広い人々への発信が期待できる。

（3）計画段階における観光情報の発信手法

　計画段階の情報発信では、特定の地域に興味・関心を持った人々（行きたいと思ってくれた人々）が、実際の旅行に至るまで、あるいは旅行中において求める情報を網羅的に発信することが求められる。

　図表7－7は「国内宿泊旅行の計画時の情報収集源」に関するアンケ

図表7－7　旅行計画時の情報収集源（国内宿泊旅行の場合）

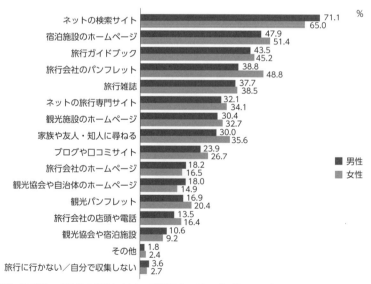

情報収集源	男性	女性
ネットの検索サイト	71.1	65.0
宿泊施設のホームページ	47.9	51.4
旅行ガイドブック	43.5	45.2
旅行会社のパンフレット	38.8	48.8
旅行雑誌	37.7	38.5
ネットの旅行専門サイト	32.1	34.1
観光施設のホームページ	30.4	32.7
家族や友人・知人に尋ねる	30.0	35.6
ブログや口コミサイト	23.9	26.7
旅行会社のホームページ	18.2	16.5
観光協会や自治体のホームページ	18.0	14.9
観光パンフレット	16.9	20.4
旅行会社の店頭や電話	13.5	16.4
観光協会や宿泊施設	10.6	9.2
その他	1.8	2.4
旅行に行かない／自分で収集しない	3.6	2.7

（単位：%）

　（注）全国18 ～79歳の男女に対する郵送調査。サンプル数1,313人。
出典：公益財団法人日本交通公社『旅行年報2018』を一部修正

ート結果である。旅行計画時にはネットの検索サイトをはじめ各種施設のホームページ、ブログや口コミサイト等のインターネットを利用した情報収集が中心となっているが、一方でガイドブック、パンフレットも4割以上が利用している。つまり、旅行の計画段階においては1人が複数の情報媒体を使った情報収集を行っており、地域としては複数の媒体を通じた観光情報発信に取り組む必要があることがわかる。

　観光協会や自治体のホームページは、地域側が主体となった情報発信が可能な媒体であるものの、現状ではその利用率は比較的低い値にとどまっている。

　図表7−8は「インターネットを通じた自治体や観光協会の情報につ

図表7−8　インターネットを通じた自治体や観光協会の情報についての不満

項目	割合
サイトの更新情報が古い	19.9%
タイムリーな情報が少ない	18.1%
県や町単位のため近隣でどのような観光ができるのかわかりにくい	14.1%
情報提供だけでなく、同じサイトのなかで宿やツアーなどの予約もできるとよい	10.3%
県や市の情報が重複していてどこを見ても同じような情報しかない	9.7%
複数の市や町に分かれているので、一か所で必要な情報が得られない	9.3%
使われている画像が魅力的ではない	6.3%
アプリをダウンロードしてもほしい情報がなく、結局使えない	6.2%
Instagram など SNS での情報提供が少ない	4.8%
求めている情報が提供されていない	0.9%
その他	1.4%

（注）全国18〜69歳の男女に対するインターネット調査。サンプル数1,030人。
出典：株式会社JTB総合研究所「スマートフォンの利用と旅行消費に関する調査」（2017年）を一部修正

いての不満」についてのアンケート調査結果である。「更新情報が古い」
「タイムリーな情報が少ない」「県や町単位のため近隣でどのような観光
ができるのかわかりにくい」等といった指摘が見られる。

　ホームページは、ガイドブックやパンフレットに比べ、季節の情報、
お得な情報、キャンペーン情報、天候等の即時性が求められる情報発信
が可能であり、さらにSNS等を通じた、地域ならではの情報発信を行
うこともできる。地域側は自らの公式ホームページによる情報発信につ
いて、より効果的な運用を行う必要がある。

（4）現地での効果的な情報提供手法

　想起段階、計画段階を経て、訪れた先の観光地でも、人々は観光情報
を必要とする。また、地域側は情報提供によって旅行者の満足度を高め、
再来訪や口コミ等による推奨につなげることができる。

　人々が旅行先で必要とする情報として、一つには「迷わずに、安全に、
安心して観光を楽しみたい」「困ったときに便利な情報が得たい」とい
った、旅行中の安全性・利便性を高める情報がある。これらは、わかり
やすい経路案内、休憩所・トイレ・駐車場等の位置情報であり、観光案
内地図、案内サイン等によって提供することが必要である。

　この種の情報提供は基本的な観光インフラともいえ、増大する訪日外
国人旅行者に対応するためにも、少なくとも日英の2か国語での表示が
求められる。

　また、人々は観光地に着いてからも、観光案内所や宿泊施設のスタッ
フ等から当該地域ならではのお薦め情報を得ようとする。こうしたニー
ズに対応するには、住民目線の情報を豊富に加えた地元配布型のパンフ
レット・散策マップの作成・配布、観光案内所での情報の提供が有効で
ある。

（5）客層に合った情報発信

　観光情報の発信において、ターゲットとする客層によって人々の情報収集方法に相違がある点に留意することも必要である。

　図表7−9は「日本人の宿泊旅行検討時における参考情報」である。全体では「ガイドブック」が最も多いが、性別・年齢別に見ると、男性では10代から50代まで、女性では20代から50代までが「インターネットでの書込情報」が「ガイドブック」と同等もしくは上回っている。また、女性の10代、20代では「SNSからの情報」が3割を超えているといったように、性別・年代によって情報収集の方法に違いがあることがわかる。

図表7−9　日本人の宿泊旅行検討時における参考情報

※表内の数値は％

	男性10代 (n=253)		男性20代 (n=549)		男性30代 (n=668)		男性40代 (n=857)		男性50代 (n=735)		男性60代 (n=841)		男性70〜90代 (n=1148)	
1	インターネットでの書込情報	39.9	インターネットでの書込情報	48.1	インターネットでの書込情報	50.4	インターネットでの書込情報	53.8	インターネットでの書込情報	46.1	ガイドブック	37.7	パンフレット	36.8
2	携帯電話・スマートフォン	37.5	ガイドブック	43.4	ガイドブック	43.7	ガイドブック	41.4	ガイドブック	41.2	インターネットでの書込情報	37.7	ガイドブック	36.0
3	ガイドブック	37.2	携帯電話・スマートフォン	33.7	旅行専門雑誌	27.5	パンフレット	23.6	インターネットでの広告	30.3	インターネットでの広告	33.5	インターネットでの書込情報	32.4
4	家族・友人の話	36.0	家族・友人の話	30.2	家族・友人の話	27.4	旅行専門雑誌	22.4	パンフレット	24.5	パンフレット	31.4	新聞・雑誌の記事	27.8
5	パンフレット	24.5	旅行専門雑誌	28.6	パンフレット	23.2	家族・友人の話	20.5	旅行専門雑誌	22.0	テレビ・ラジオの番組	23.5	インターネットでの書込情報	26.1

	女性10代 (n=257)		女性20代 (n=566)		女性30代 (n=711)		女性40代 (n=829)		女性50代 (n=732)		女性60代 (n=883)		女性70〜90代 (n=1206)	
1	ガイドブック	45.1	インターネットでの書込情報	53.2	インターネットでの書込情報	57.1	インターネットでの書込情報	53.9	インターネットでの書込情報	48.9	ガイドブック	39.1	家族・友人の話	40.2
2	携帯電話・スマートフォン	42.0	ガイドブック	51.6	ガイドブック	54.4	ガイドブック	49.3	ガイドブック	47.7	家族・友人の話	37.3	パンフレット	38.8
3	インターネットでの書込情報	40.1	家族・友人の話	46.6	家族・友人の話	40.8	家族・友人の話	35.2	パンフレット	35.9	パンフレット	34.8	ガイドブック	33.4
4	SNS（Facebook,Twitter等）からの情報	37.4	携帯電話・スマートフォン	35.0	パンフレット	32.8	パンフレット	29.4	家族・友人の話	35.2	インターネットでの書込情報	28.9	新聞・雑誌の広告・チラシ	24.6
5	家族・友人の話	35.4	SNS（Facebook,Twitter等）からの情報	32.3	旅行専門雑誌	27.1	旅行専門雑誌	23.5	インターネットでの広告	25.7	テレビ・ラジオの番組	27.1	新聞・雑誌の記事	22.8

出典：公益社団法人日本観光振興協会『平成29年度版　観光の実態と志向〜第36回国民の観光に関する動向調査』（2018年）

【参考文献】
UNWTO（UN World Tourism Organization）『A Practical Guide to Tourism Destination Management』（2007年）p18
公益財団法人日本交通公社『旅行年報2018』（2018年）103頁
株式会社JTB総合研究所「スマートフォンの利用と旅行消費に関する調査」（2017年）11頁
株式会社JTB総合研究所編『観光学基礎（第7版）』（株式会社JTB総合研究所、2018年）193頁

4 SNS時代の観光情報の発信

（1）消費者行動のプロセス

　消費者行動については約100年近い研究の歴史がある。ただ1990年代以降はインターネットの普及によって消費者の購買決定プロセスも複雑な経路をたどるようになってくる。これに対応するべく多様な研究モデルが提示されるようになり、現在はソーシャルネットワーキングサービス（以下、SNS）の影響力が大きいことから、

- 他者の推奨によって行動が喚起される「VISAS（Viral（口コミ）→Influence（影響）→Sympathy（共感）→Action（行動）→Share（共有））モデル」
- 他者が発信した情報をもとに行動を決定する「SIPS（Sympathize（共感）→Identify（確認）→Participate（参加）→Share & Spread（共有・拡散））モデル」

が有効とされる（**図表7－10**）。地域におけるSNSを活用した情報発信に当たっては、こうしたプロセスをまず理解する必要がある。

図表7−10　媒体別にとらえた消費者行動の変化

中心的な情報媒体		「行動喚起」までのフロー
マス媒体		AIDMA:メディアによる行動喚起 Attention(注意)→Interest(関心)→Desire(欲望) →Memory(記憶)→Action(行動)
インターネット	検索エンジン主体	AISAS:自己認識による行動喚起 Attention(注意)→Interest(関心)→Search(検索) →Action(行動)→Share(共有)
	SNS主体	VISAS:他者推奨による行動喚起 Viral(口コミ)→Influence(影響)→Sympathy(共感) →Action(行動)→Share(共有)
		SIPS:他者情報による行動喚起 Sympathize(共感)→Identify(確認)→Participate(参加)→Share & Spread(共有・拡散)

出典：波田 (2018年)、原尻 (2016年) を基に筆者作成

（2）SNSの普及と消費者による観光情報の発信

　フェイスブック（Facebook）、ツイッター（Twitter）、インスタグラム（Instagram）等、SNSの普及は消費者を取り巻く情報メディア環境を一変させた。SNSは消費者が自らの情報発信行為によって、メディアに参加するだけでなく、消費者間のコミュニケーションが実現すると同時に情報が即座に共有・拡散される。

　観光行動に即して捉えれば、観光客は自ら選択した観光地を実際に訪れ、様々な体験をする。そして旅行が終わると、旅行中に体験したことを写真や動画にコメントを添えて発信する。こうした発信行動については、発信者自身の自画自賛も含めて「他者への推奨」といった心理がうかがえる。

　SNSの世界において、消費者によって制作・生成された、このようなコンテンツのことをUGCという。このUGCは「User Generated Contents」の略称で、一般には「ユーザー生成コンテンツ」と呼んでいる。2007年頃から使われ始めた言葉で、SNSに投稿されたコンテンツ（写真、動画など）や、それらに対する口コミなどが該当する。

　観光地の情報には、主として観光地側の公式発表情報である「フォーマルな観光情報」と、消費者・利用者が発信する、その旅行体験に基づいた情報である「インフォーマルな観光情報」があるが、UGCは後者である。

　観光者は旅行企画・観光地選択・諸手配・旅行実施等々、様々な段階でフォーマルな観光情報やインフォーマルな観光情報を参考にする。そのときに「最も参考にするのは家族や友人・知人の話」ということが、インターネットが普及していない、アナログ時代の各種観光市場調査で報告されている。そうしたインフォーマルな観光情報が持つ意味や役割はSNSによって増幅されているものと考えられる。

（3）SNSに関わる観光地側の取組み

　SNSに関して、その効果に着目し、すでに多くの自治体でフェイスブック、ツイッター、インスタグラムの公式アカウントを開設し、観光客誘致に取り組んでいる。その一環で目立つ取組みが、例えばSNSを利用した情報の拡散を促進する上で効果的と考えられている「インフルエンサー」と呼ばれる人々の招聘である。多くのフォロワーの行動に影響力を持つ、ある意味「カリスマ的」な人々である。しかしインフルエンサーの招聘に当たっては留意する事項もある。この点については次節の「5　旅行関連メディアや旅行会社の活用」を参照してほしい。

　「インスタ映え」という言葉があるように、投稿される写真又は動画をとおして何らかの観光スポット・観光体験シーンが多くの注目を浴びやすいのはインスタグラムである。写真をとおしてビジュアルで表現され、言語の壁も感じさせないため、インバウンド振興においては今や必須のマーケティング・ツールである。まず、「観光地名（例：日光、熱海など）」又は「観光地名＋観光魅力要素（例：日光＋ゆば、熱海＋花火など）」を使ったハッシュタグ「(#) キーワード」を設ける。そして、その検索結果にフォトジェニックな写真が並ぶことによって、観光地PRとユー

ザーの旅行動機に刺激を与えることができる。さらに、国境の壁を越え
て共感できるメッセージ性を込めることができるなら極めて情報発信効
果は大きいといえる。しかしそれだけに画像の質の問題は決定的であ
る。プロのカメラマンや制作会社は「餅は餅屋」であり、前向きに活用
を考えることが好ましい。

　SNSは、例えばインスタグラム、ツイッターは比較的若年層、フェイ
スブックは日本では相対的に中高年層の利用頻度が高いなどの特徴があ
る。それぞれの特徴を踏まえた上で、さらにその「インサイト」機能を
いかしたフォロワーの分析、効果検証、そしてさらなる観光地マーケテ
ィングへの活用が望まれる。

【参考文献】
波田浩之『新版　広告の基本』（日本実業出版社、2018年）
原尻淳一『ビジュアル　マーケティング・フレームワーク』（日本経済新聞出版社、
2016年）
水越康介『ソーシャルメディア・マーケティング』（日本経済新聞出版社、2018年）

5 旅行関連メディアや旅行会社の活用

（1）パブリシティの重要性

　PRとは、パブリックリレーションズ（Public Relations）の略で、日本
語で「広報」の意味を持つ。

　マーケティングの「4つのP（Product、Price、Promotion、Place）」の一
つにプロモーションがある。PRとプロモーションはしばしば混同され
がちだが、意味は異なる。プロモーションは、「広告（Advertising）」や「販
売促進（Sales Promotion）」、そしてPRなどを包括する言葉である。

　PR活動の中でもプレスリリースや取材への対応によりメディアの一
般報道記事として消費者に情報を発信できるパブリシティ活動は重要で
ある。費用がかさむ広告宣伝よりも、パブリシティの方が広報上、効果

が高いとされる。打ち上げ花火のように広告を打つよりも、一般記事の方が読者からの信頼性が高い。このため、実質は広告であるが、「一般（紹介）記事」というスタイルをとる場合もある。一般記事として、記者にいかによく書いてもらえるかに民間企業の広報担当者は意を注ぎ、メディアに取り上げられるようしのぎを削っている。地域の観光振興を考えたとき、観光行政担当者や観光協会スタッフなどは常に話題を提供していく、それも記者が好感を持って受け止めるような「観光まちづくり」に関わる取組みなどを積極的に提供していく姿勢が求められる。

（2）旅行関連メディアの活用と付き合い方

　旅行関連メディアは、ガイドブックや旅行雑誌、新聞といった紙媒体、テレビやラジオのような電波媒体、さらにWebメディアに大別できる。近年の傾向としては、紙媒体に関しては売上げが総じて減少する中で、イメージ重視のグラビア雑誌や厚くて重たいガイド本よりも、ポケットサイズで軽めのガイドブックが比較的売れ、一方でWeb記事の閲覧数が堅調に伸びている。

　紙媒体や電波媒体などのマスメディアの多くは、企画の大枠が決まると、実際には下請けの制作会社が現地を取材、制作するのが一般的である。企画段階でそれぞれのメディアの制作決定権者の目にとどまるためには、各媒体に対してニュースリリースを定期的に発行するなどして、地域のコンテンツを逐一、発信するのが効果的といえよう。近頃では、広報が専門の民間PR会社にプレスリリースの配信を委託する自治体もある。そうした予算がなくとも、先に見たとおり常なる話題づくりや情報のこまめな発信が功を奏する。

　ガイドブックや旅行雑誌などの旅行記事は、専門のライターやカメラマンが取材・執筆を担う。近年では、紙媒体が売れ行き不振のため、1人ですべてを記事化する「カメライター」なる人が筆をふるうケースもある。出稿先が多い書き手は、日本ペンクラブ等の組織や団体に所属し

ていることが多い。観光情報の発信はそうした組織団体へ働きかけるのも一考といえる。なお、フリーランスが多い業界だけに、宿泊費や食事代、移動費だけでなく、自宅からの交通費も含めた経費丸抱えで招待するケースが多いことに留意したい。

　インターネットが普及した現在、人気のブロガーやインスタグラマー、ユーチューバーを招待することも珍しくない。画像や映像を多用して、その場で情報発信をするため即効性があり、インバウンドでも効果が高い。こうした影響力のある人達を、「インフルエンサー」と呼んでいる。プロの書き手やインフルエンサーを招待するのは、地域の観光PR・宣伝に効果的で、オーソドックスな手法といえる。

（3）取材招待旅行の方法及び留意点

　プロの書き手やインフルエンサーを招待する際に注意したい点がある。まずは、媒体への出稿や記事化を「絶対条件」にすることである。具体的な掲載先（媒体名等）をあらかじめ書面でもらい、確約をとることが必要である。紙媒体は発行部数、Web媒体はPV（ページビュー）数などを、覚書等に記載してもらうとともに、当該媒体の概要などを事前に取り寄せておくとトラブルを回避できる。

　さらに守秘義務の履行や著作権保護など倫理・法令事項を明文化しておき、署名をもらって事後のトラブルを避けることが重要である。書くことはプロフェッショナルであっても、法律や約款に必ずしも明るくない書き手もいる。特に、編集者を挟まないWeb記事やSNSは、公開前に発注者が事実確認をするなど、二重、三重のチェック機能があることが望ましい。

　取材招待旅行には、ファムツアー（FAM:Familiarization Tourの略）と、単独取材の2通りがある。

　前者の場合は、主催（招待）する側が主体となって、あらかじめ載せてもらいたい・伝えたいことを織り込んだレディメイドのツアーにな

る。この場合、被招待者を旅行会社とすることもあるが、マスメディア
と旅行会社とでは取材のポイントも違うので、それぞれを分けて実施す
るのが一般的である。戦略的にマスメディアと旅行会社とを混在させて
相乗効果を図ることもあるが、マスメディアだけを丁寧に迎え入れた方
が無難といえる。

　単独取材を招待する場合は、媒体によって対応方法を変えるようにし
たい。テレビ特番など映像媒体は、企画内容にそってシナリオ（台本）
が出来上がってから、取材依頼が寄せられることが少なくない。取材す
る側の要望に対応したオーダーメイドが基本となるだけに、費用がかさ
むこともある。したがって企画段階から参画することが理想的ではあ
る。

　インバウンド振興を期待して海外メディアを招待する場合は、中間に
通訳を兼ねた個人や企業が介在するのが一般的である。時には無理を押
されることもあり、また何に焦点を当てて取材するかは媒体によって異
なるため、法令順守を徹底して、当該地域のイメージを損なわないよう
配慮して受け入れるようにしたい。

　招待するメディアの受け入れ宿泊先や取材される観光施設等に対して
は、掲載や放送などの露出確約を条件に取材協力や協賛を仰いで、受け
入れ態勢を整えるのが地域の側の仕事である。したがって同種の施設間
での摩擦や軋轢を生じさせないよう、中立性や公平性を鑑みて、取材し
てもらう先を熟慮して選定することが大切になってくる。

（4）旅行会社との付き合い方

　インターネットが発達して個人旅行が主流になっても、地域への誘客
に旅行会社の存在は欠かせない。旅行会社とのネットワークをつくって
おくことは大切で、ツアー商品に組み込んでもらうべく、地域の観光資
源の中から「宝」となるコンテンツを磨き上げ、旅行会社の商品企画担
当者に働きかけていく必要がある。

　一概にツアーといっても価格訴求のメディア商品（新聞紙上等で宣伝募集するタイプの商品）から、ラグジュアリートラベルマーケット（富裕層向け旅行市場）など高付加価値商品まで幅広いが、旅行会社の一般的なパッケージツアー商品は、年間を上期（4月〜9月）と下期（10月〜3月）に分けて販売されるのが基本である。そこで旅行会社では販売時期にあわせて、およそ半年前から商品を企画造成していく。したがって地域の側で、旅行商品化してほしいというコンテンツがある場合、そうした旅行会社の商品化に関わる事業期間を踏まえ、遅くとも1年〜1年半前には、旅行会社に相談、働きかけをしていく必要がある。

　また、サプライヤー（ホテルや旅館、航空・鉄道会社等）が旅行会社に提示する料金は、繁忙期と閑散期では異なり季節変動がある。そこで「閑散期対策で誘客して、季節平準化を図りたい」といった、具体的な目的や指針、経済効果を示しながら、地域の側から旅行会社に提案するとよい。

　旅行会社はこれまで激しい価格競争を展開してきた。しかし、低価格のツアーばかりでは受け入れ宿泊施設などは疲弊し、地域への経済効果も乏しい。こうしたことから、地域の側から「当該ツアー限定貸し切り」や「特別演出」といった特別感のある付加価値を明らかにし、旅行会社に提案していくことが成功への近道といえよう。

　最近では、インスタグラムやフェイスブックなどSNSで話題になった場所をツアーに組み込みたいと、旅行会社から地域が逆提案を受けるケースもある。旅行会社の企画担当者もまた、新たなコンテンツを探し求めているのがうかがえる。地域の側では、これらSNSを最大限活用して、自ら地道かつ着実に魅力の発信に努めることも大切である。

第8章
外国人旅行者の受け入れ方と誘致方策を再考する

・・

外国人旅行者の誘致に当たっては、国籍・地域による旅行ニーズの相違を把握し、取り組む必要がある。外国人旅行者が旅行中に困ったこととしてコミュニケーションや表示関係の問題がよく挙げられる。この点、異文化コミュニケーションについてよく理解し、対応することが大切である。

インバウンドの振興に関しては「MICE」、とりわけ地方圏の場合には企業ミーティング（M）とインセンティブ・トラベル（I）の誘致、そして誘致に効果的なユニークベニューの開発を意識したい。

インバウンドの対応は営利レベルのみで捉えず、異文化理解と地域における多文化共生を考える契機とする視点が必要である。国際観光は自文化の再発見と新たな文化創造、次世代の文化意識の醸成に結びつくものであることを意識して、その振興に取り組んでいきたい。

本章ではこうした内容について説明する。

1 国籍・地域別に見た訪日旅行の特性への対応

（1）国籍・地域別に見た訪日旅行内容の相違

　「第4章」で触れたとおり、買物動向一つ見ても、国籍・地域によって訪日外国人旅行者のニーズは異なり、旅行目的、旅行の際の同行者、旅行形態等にはそれぞれ相違が出てくる。ここでは訪日主要国・地域である韓国・台湾・香港・中国・タイ・英国・米国・豪州をとりあげて、観光庁の「訪日外国人消費動向調査」（2018年計）等に基づいてそれぞれの特性について紹介する。

① 訪日目的

　韓国・台湾・香港・中国・タイは観光目的がほとんどで、それぞれ全体の80 ～ 90％を占める。豪州も80％近い。対して英国及び米国では観光目的がほぼ半分で、ビジネスがともに25 ～ 30％を占めている。後節で述べる「MICE」の「M」に相当する企業ミーティングが英国・米国ともそれぞれ10％前後見られることも両国の特徴といえる（**図表8－1**）。

図表8－1　国・地域別に見た訪日旅行の目的（2018年）

(%)

	韓国	台湾	香港	中国	タイ	英国	米国	豪州
観光・レジャー	83.3	88.1	92.3	81.0	79.8	50.7	51.3	77.2
親族・知人訪問	2.8	2.4	1.3	3.5	4.4	8.4	12.3	8.1
学校関連の旅行	0.6	0.1	0.2	0.4	0.2	0.1	1.1	0.5
イベント	0.6	0.3	0.5	0.4	0.1	0.5	0.5	0.3
治療・検診	0.0	0.1	0.0	0.2	0.0	0.0	0.0	0.0
展示会・見本市	1.8	0.7	0.3	0.7	0.5	1.2	0.6	0.2
国際会議	0.6	0.5	0.2	0.9	1.9	4.5	2.8	2.2
企業ミーティング	2.7	1.7	1.3	2.8	3.5	10.5	8.7	2.4
研修	1.1	1.1	0.3	1.4	2.8	1.1	2.3	0.8
その他ビジネス	5.3	3.1	2.5	5.9	3.7	20.2	14.7	3.6

出典：観光庁「訪日外国人消費動向調査」を基に筆者作成

②　旅行の同行者

　旅行の同行者は国・地域によって相違が大きい。韓国は「友人」が最も多く28.6％、そして「家族・親族」が27.7％と続く。台湾及び香港は「家族・親族」がともに40％を超え、「友人」はほぼ20％である。また香港は「夫婦・パートナー」も21.6％となっている。中国とタイは同傾向にあり、「家族・親族」が35％前後、「友人」が20％強である。総じて中華圏は「家族・親族」が多い。

　英国及び米国はビジネス目的が多いこともあってか「自分ひとり」が50％近く見られ、「夫婦・パートナー」が20％前後となっている。豪州は「夫婦・パートナー」が29.8％、「自分ひとり」が29.4％、「家族・親族」が23.9％とばらつく。豪州はビジネス目的での訪日はほとんど見られないことから、「日本観光目的の一人旅」という層が相対的に多いことをうかがわせる（**図表8-2**）。

③　旅行形態及び訪日旅行経験回数

　訪日外国人旅行者のFIT化が指摘される中で、台湾・中国・タイは団体ツアーに参加しての訪日が30％強で見られる（**図表8-3**）。訪日旅行経験回数において、中国は「訪日は初めて」が50％、タイは30％を超えていることと関連しているものと見られる（**図表8-4**）。対して韓国（84.4％）・香港（78.5％）・英国（86.8％）・米国（86.8％）・豪州（85.2％）は圧倒的に個別手配の個人旅行が多い。

図表8-2　国・地域別に見た訪日旅行の際の同行者（2018年）

(%)

	韓国	台湾	香港	中国	タイ	英国	米国	豪州
自分ひとり	20.5	14.3	12.5	16.5	14.2	49.8	45.8	29.4
夫婦・パートナー	13.0	13.0	21.6	14.9	10.8	21.5	18.9	29.8
家族・親族	27.7	44.8	43.1	34.4	38.2	11.4	15.6	23.9
職場の同僚	9.0	6.8	2.1	10.7	11.1	8.3	7.1	2.2
友人	28.6	19.8	19.8	22.1	23.5	8.8	11.2	13.5

出典：観光庁「訪日外国人消費動向調査」を基に筆者作成

図表8－3　国・地域別に見た訪日旅行の際の旅行形態（2018 年）

(%)

	韓国	台湾	香港	中国	タイ	英国	米国	豪州
団体ツアーに参加	11.7	30.0	8.3	31.6	31.6	4.2	4.2	6.9
個人旅行向けパッケージ商品を利用	3.9	9.6	13.2	8.2	8.2	9.1	9.1	7.9
個別手配	84.4	60.4	78.5	60.2	60.2	86.8	86.8	85.2

出典：観光庁「訪日外国人消費動向調査」を基に筆者作成

図表8－4　国・地域別に見た訪日旅行経験回数（2018 年）

(%)

	韓国	台湾	香港	中国	タイ	英国	米国	豪州
1回目	28.8	17.7	14.5	53.8	32.6	55.0	53.1	59.8
2回目	19.3	14.8	11.2	15.6	16.7	13.0	14.8	15.3
3回目	13.4	12.8	11.2	9.4	12.1	7.1	7.8	9.2
4回目	9.5	9.3	10.2	5.0	9.2	3.9	3.9	4.3
5回目	6.5	9.7	9.6	3.8	8.1	3.3	3.6	3.1
6〜9回目	7.7	15.2	15.7	5.0	10.8	6.5	5.8	3.9
10〜19回目	7.7	12.4	17.3	4.0	6.9	5.1	5.0	2.4
20回以上	7.0	8.1	10.3	3.3	3.7	6.1	5.9	1.9

出典：観光庁「訪日外国人消費動向調査」を基に筆者作成

　香港は「訪日は初めて」は14.5％ほどにすぎず、ヘビーリピーターが多いことが特徴である。台湾も「訪日は初めて」は20％に満たず、香港同様に訪日ヘビーリピーターが目立つ。英国及び米国、豪州は「訪日は初めて」がいずれも50 〜 60％を占めている。

④　利用宿泊施設

　訪日旅行中に利用された宿泊施設のタイプはいずれの国・地域ともホテルの利用率が70 〜 90％近くに上る（**図表8－5**）。こうした中で、台湾・香港・中国において旅館の利用率も20％を超えており、これらの国籍・地域における日本の温泉旅館志向の高さがうかがえる。また有料での住宅宿泊の利用は韓国・台湾・香港・中国・英国・米国で10％前後見られる。とりわけ豪州は18.7％に上っている。

⑤　宿泊先（都道府県）

　観光庁の「宿泊旅行統計調査」より、前述8国籍・地域ごとに外国人が宿泊した都道府県（延べベース）上位5都道府県を捉えると、**図表8－6**のとおりである。韓国に限り大阪府が第1位を占めるが、その他の国・地域はいずれも東京都が第1位である。さらに英国や米国では東京都がそれぞれ46％をも占めており、ほかの宿泊先としては京都府が10％前後と目につく程度である。台湾及び香港は東京都が比較的多いものの、北海道や大阪府、沖縄県などにも分散していることが特徴である。訪日リピーターが多いことと関係していよう。ほかでは中国において愛知県、タイで北海道と山梨県、英国で広島県の比重が比較的大きいこと

図表8－5　国・地域別に見た訪日旅行の際の利用宿泊施設（2018年）

(%、複数回答)

	韓国	台湾	香港	中国	タイ	英国	米国	豪州
ホテル（洋室中心）	75.5	81.9	87.7	83.1	79.1	82.9	73.9	77.5
旅館（和室中心）	9.4	22.9	22.6	24.5	16.2	17.9	14.1	22.2
親族・知人宅	4.3	5.0	2.2	5.1	7.7	10.4	15.1	9.7
ユースホステル・ゲストハウス	9.4	2.9	1.8	1.0	7.0	8.9	6.9	12.0
有料での住宅宿泊（Airbnb、自在客など）	9.8	10.2	8.6	10.9	5.9	8.4	12.2	18.7

出典：観光庁「訪日外国人消費動向調査」を基に筆者作成

図表8－6　国・地域別に見た、宿泊客数が多い都道府県上位5位（2018年）

(数値は％)

	韓国		台湾		香港		中国		タイ		英国		米国		豪州	
1位	大阪府	20	東京都	16	東京都	19	東京都	25	東京都	25	東京都	46	東京都	46	東京都	39
2位	東京都	14	北海道	13	大阪府	16	大阪府	17	北海道	16	京都府	14	京都府	11	京都府	13
3位	福岡県	13	大阪府	11	北海道	13	北海道	9	大阪府	13	大阪府	6	千葉県	6	大阪府	10
4位	北海道	12	沖縄県	10	沖縄県	7	千葉県	7	千葉県	9	神奈川県	6	大阪府	6	北海道	7
5位	沖縄県	10	京都府	5	福岡県	6	愛知県	6	山梨県	6	広島県	4	神奈川県	6	千葉県	6

（注）基は観光庁の宿泊旅行統計調査であり、同調査は「従業者数10人以上」の施設を対象に、日本国内に住所を有していない外国人による宿泊を調べている。

出典：観光庁「観光白書令和元年版」を基に筆者作成

が目につく。

（2）国籍・地域別に見た訪日旅行の特性への対応の必要性

外国人宿泊客数延べ100万人泊以上（2018年）の都道府県について、国籍・地域別に発地構成を見ると、以下のような特徴が見られる（**図表8-7**）。

中国を第1位の市場とする都道府県が多いが、沖縄県は台湾、福岡県は韓国が第1位となっている。やはり地理的に近接するという条件が大

図表8-7　主な都道府県における外国人宿泊数上位3位の国・地域
（数値は各都道府県の外国人宿泊延べ数全体に占める割合）

(%)

	1位	2位	3位
東京都	中国　25	米国　12	欧州　10
大阪府	中国　32	韓国　20	台湾　11
北海道	中国　25	台湾　20	韓国　19
京都府	中国　25	欧州　16	米国　12
沖縄県	台湾　28	韓国　27	中国　21
千葉県	中国　37	台湾　13	米国　9
福岡県	韓国　48	台湾　14	中国　12
愛知県	中国　49	台湾　9	香港/韓国　6
神奈川県	中国　29	米国　14	欧州　10
山梨県	中国　42	台湾　16	タイ　10
静岡県	中国　65	台湾　7	韓国　5
長野県	台湾　33	中国　13	香港　9
大分県	韓国　59	台湾　12	香港/中国　9
岐阜県	中国　26	台湾　17	欧州　11
広島県	欧州　21	米国　13	中国　9
兵庫県	中国　27	台湾　25	韓国　13

（注1）2018年における（日本に住所を有しない）外国人の延べ宿泊数100万人泊以上の都道府県を対象に筆者作成
（注2）上記データは「従業者数10人以上」の施設に対する調査に基づいて作成されている。
（注3）数値は速報値
出典：観光庁「宿泊旅行統計調査」を基に筆者作成

きい。また東京都や京都府、広島県、神奈川県では欧州及び米国の比重が比較的大きい。いずれも我が国を代表する都市・歴史文化・自然などの観光魅力が国籍・地域を問わず、多様な外国人旅行者を惹きつけているということであろう。一方、静岡県で中国が、大分県で韓国が圧倒的な地位を占めているのは、静岡県の場合、富士山静岡空港と上海・杭州・西安等中国各地とを結ぶ航空路線が充実していること、大分県の場合は韓国側の旅行ニーズに対して「温泉＆ゴルフ」の魅力を大分県が訴求し合致したこと、すなわち大分県の対韓国市場マーケティングが功を奏したことが大きい。

　このように着地となり宿泊を受け入れる都道府県側から見ると、その国際交通条件や観光レクリエーション魅力特性及び宿泊施設の質量等によって対象市場に差がかなり出てくる。地域により、有する国際交通上の利便性や観光レクリエーション魅力特性、宿泊施設の質量等は様々である。そのため、個々の地域が全方位・全客層ねらいで誘致活動を推進したり受け入れ体制を整えたりすることは難しいだろう。

　したがって、先に示した国・地域による旅行者の特性、旅行内容の傾向の違いをよく踏まえて、自地域が主としてねらうべき市場（国籍・地域）・客層等をある程度絞り込んで、その市場・客層に対応したきめ細かなマーケティングに取り組むことが重要である。例えば、台湾市場を対象に設定する場合、家族・親族向けに「憩い・団らん」のシーンをどのように訴求するか、香港市場の夫婦・パートナー向けにどのように2人が揃って喜び、感動するシーンを演出、訴求するかである。そこまで具体的にイメージして魅力づくり、場づくりを考えなければいけない。「日本観光目的の一人旅」が多い豪州であれば、そうした旅行者を市場に設定し、一人旅にやさしい環境整備に特に留意し、そのことを「売り」とすることもできよう。一人旅の受け入れが成功するということは、一人旅旅行者が満足するということである。それは「夫婦・パートナー・ファミリーでの再来訪」につながる。地域における外国人旅行者の受け

入れ体制のあり方、案内・表示方法や人材確保・育成方法の方向性も前述したことを踏まえて検討すればより明確になってこよう。

（3）地方圏における誘客魅力要素の活用と訴求

　過去においては、「東京、神奈川、千葉、埼玉、愛知、大阪、京都、兵庫」の「三大都市圏」を訪れる訪日外国人旅行者が多かったが、2015年以降、三大都市圏以外の地方圏を訪問する外国人旅行者が半数を超えるようになった。「第4章」で紹介したとおり、2018年の観光庁のデータによると、地方圏を訪問した外国人旅行者数は、三大都市圏の約1.4倍となっている。

　地方圏を訪問する外国人旅行者の行動を見ると、スキー・スノーボード、温泉入浴、自然体験、農山漁村体験、日本文化体験などと、それぞれの地域ならではの「体験」を楽しんでいる。こういった体験を伴う旅行は、再訪率も高く、また消費単価も高い。体験をすることにより地域内での滞在時間も長くなり、そこでの飲食、買物等の消費機会も増加するからである。

　南北に長く、四季を有する国である我が国では、気候に応じたアクティビティが楽しめる。台湾、ベトナム、フィリピンなどからは、雪を見ること、雪に触れること自体が旅行の目的となる。2018年度にスキー・スノーボードを体験した訪日外国人旅行者は、88万人であり、その経済効果は約650億円であることが観光庁により試算されている。ゲレンデなどの設備に乏しい地域であっても、「かまくら体験」「雪上歩行」「雪中での自然観察」などを取り入れ、「利雪・遊雪のまちづくり」として取り組むこともできるだろう。一年を通して比較的暖かい中国・四国・九州地方では、四季折々の自然をサイクリング、ハイキングなどで楽しむことが可能である。しまなみ海道のサイクリング、阿蘇のサイクリングツアーはその好例であり、訪日外国人旅行者による利用が急増している。沖縄をはじめとする離島ではビーチリゾートを楽しむ旅行者が増え

弓道体験（會津藩校日新館、福島県会津若松市）

ている。

　また、これまで日本人中高生向けに実施されていた農業体験学習が、インバウンド需要に対応している事例も見られる。その多くは中国、台湾からの教育旅行であるが、国際交流の振興とともに受け入れ数が増加している。こういった事例では、きっかけは特定の国の児童・生徒の受け入れではあるが、評判を呼び、成人訪日外国人旅行者、他の国からの旅行者の誘致にもつながっている。教育旅行への受け入れ対応をしたことにより外国人旅行者に対する接遇経験値が増すこと、受け入れ児童・生徒からの情報が滞在中や帰国後、母国において発信されるという効果もある。

　日本ならではの文化体験として、紙漉き、蔵元での試飲、そば打ち、陶芸、染め物などが挙げられる。宿坊・古民家を改造した宿泊施設や里地・里山景観を楽しむことができる宿泊施設での宿泊、アニメ・漫画・ゲームの舞台などをめぐる「聖地巡礼」なども外国人旅行者に人気である。

　このように、地方圏ではその魅力特性を生かしたコンテンツづくり、体験型の観光商品を開発、訴求することが大切である。こうした観光資源の発掘、磨き上げは、訪日外国人だけでなく日本人旅行者の誘客にも有効である。同時に、その過程で地域の人々がその地域の知恵、生活文化を再認識することになり、地域の魅力に気づく機会を創出する。その結果、その土地に対する愛着も醸成される。

2 インバウンドの振興と異文化コミュニケーション

（1）訪日外国人旅行者が訪日旅行において困った事項

　観光庁が2017年度に行った「訪日外国人旅行者の国内における受入環境整備に関するアンケート調査」によれば、「訪日外国人旅行者が旅行中に困ったこと」として、最も多く挙げられているのが「施設等のスタッフとのコミュニケーションがとれない」であり、全体の20.6％から指摘されている（**図表8-8**）。次いで「無料公衆無線LAN環境」（18.7％）、「公共交通の利用」（16.6％）、「多言語表示の少なさ・わかりにくさ（観

図表8-8　訪日外国人旅行者が旅行中に困った事項

項目	割合	分類
施設等のスタッフとのコミュニケーションがとれない	20.6％	多言語コミュニケーション
無料公衆無線LAN環境	18.7％	無料公衆無線LAN環境
公共交通の利用	16.6％	
多言語表示の少なさ・わかりにくさ（観光案内板・地図等）	16.4％	多言語表示
クレジット／デビットカードの利用	10.0％	決済環境
鉄道の割引きっぷ	7.2％	
両替	6.5％	
その他決済手段（モバイルペイメント等）	5.5％	
ATMの利用	5.1％	
国際ローミング	5.0％	
SIMカードの購入	4.8％	
飲食店、宿泊施設の情報の入手・予約	3.6％	
トイレの利用・場所・設備	3.4％	トイレ利用環境
入国手続き	3.4％	
モバイルWi-Fiルーターのレンタル	2.9％	
宿泊施設や空港などへの荷物の配送サービス	2.3％	
多様な文化宗教への配慮（礼拝堂、食事等）	2.0％	
災害、けが・病気の際の医療機関、海外旅行保険	1.9％	
その他	1.9％	
観光案内所の利用や観光地での案内	1.7％	
観光地におけるツアー、旅行商品（情報入手、種類等）	1.6％	

出典：観光庁「令和元年版　観光白書」

光案内板・地図等）」（16.4％）となっている。コミュニケーション及び表示・案内関係の問題が上位に挙がっていることが明らかである。

（2）訪日外国人旅行者の情報収集方法

　図表8－9は訪日外国人旅行者の訪日旅行前の、**図表8－10**は訪日旅行中の情報収集方法について、国・地域別の傾向を捉えたものである。

　旅行前の段階ではアジアでは比較的「個人ブログ」が多く、特に台湾は6割超と高い傾向にある。また、欧米豪は「自治体や観光協会など地域の公式ホームページ」も事前情報収集先として一定の利用があるといった特徴がある。

　旅行中の情報収集方法では全体としては「観光案内所」「無料パンフ

図表8－9　訪日外国人旅行者の訪日前の情報収集方法

（回答はあてはまるものすべて、%）

順位	回答者→	全体	アジア全体									欧米豪全体				
			全体	韓国	中国	台湾	香港	タイ	シンガポール	マレーシア	インドネシア	全体	米国	豪州	英国	フランス
	サンプル数	2,833	2,425	373	338	406	401	308	268	151	180	408	97	125	79	107
1	旅行ガイドブック	42	43	36	39	51	49	40	39	50	39	38	37	36	29	46
2	口コミサイト	37	38	20	47	37	35	44	40	46	47	32	33	43	25	24
3	個人ブログ	34	36	46	11	62	35	39	24	34	26	18	18	14	19	21
4	日本政府観光局（又は観光庁）のHP	33	33	12	36	36	37	30	40	49	40	33	30	29	35	37
5	旅行会社のHP	30	30	35	28	14	36	30	22	36	46	28	26	22	32	33
6	母国にいる家族・知人	28	28	14	40	39	6	35	31	28	42	26	30	30	18	25
7	SNS	25	28	24	28	11	40	53	4	10	47	10	4	4	6	26
8	テレビ番組	24	26	19	24	30	28	37	12	20	41	12	12	11	11	13
9	自治体や観光協会など地域の公式HP	20	19	5	18	12	28	25	32	20	25	26	26	26	24	26
10	旅行会社のパンフレット	19	19	14	22	25	16		16	28	21	15	13	13	8	24
11	旅行会社カウンター	16	17	8	20	16	13	37	13	15	21	10	10	10	9	10

出典：株式会社日本政策投資銀行・公益財団法人日本交通公社「DBJ・JTBF　アジア・欧米豪訪日外国人旅行者の意向調査（2018年度版）」を一部修正

レット・小冊子」「ホテル・旅館の従業員、店のスタッフ」など、現地ならではの情報収集が比較的多いが、アジアでは個人ブログやSNSの利用が欧米豪に比べ多いことがわかる。

地域においてはこうした対象国・地域による情報収集方法の違い、また旅行中においては「SNS」や「個人ブログ」などよりもやはり「観光案内所」や「ホテル・旅館の従業員等」の情報提供における役割の大きさに留意して、より効果的な情報発信を行うことが重要である。

図表8－10 訪日外国人旅行者の訪日旅行中の情報収集方法

（回答はあてはまるものすべて、%）

順位	回答者→	全体	アジア全体	韓国	中国	台湾	香港	タイ	シンガポール	マレーシア	インドネシア	欧米豪全体	アメリカ	オーストラリア	イギリス	フランス
	サンプル数	2,833	2,425	373	338	406	401	308	268	151	180	408	97	125	79	107
1	旅行ガイドブック	33	35	31	29	38	38	36	23	44	50	23	29	18	16	28
2	観光案内所	31	31	23	20	31	32	45	38	41	28	28	24	34	24	29
3	無料パンフレット・小冊子	26	27	20	23	36	25	14	28	42	38	21	20	30	18	16
4	ホテル・旅館の従業員、店のスタッフ	26	26	16	27	30	22	30	28	36	25	26	26	30	27	21
5	口コミサイト	23	23	11	35	18	18	30	19	25	40	23	20	28	24	18
6	日本政府観光局（又は観光庁）のHP	22	23	9	26	28	20	24	18	32	34	20	20	15	16	29
7	個人ブログ	22	23	30	11	35	22	27	10	22	24	12	13	7	10	17
8	SNS	20	21	26	23	7	27	42	4	11	38	9	3	5	6	21
9	旅行会社のHP	19	19	13	20	10	17	28	12	26	40	19	20	14	14	27
10	ツアーガイド	18	19	18	14	17	10	31	12	23	38	11	12	14	5	10
11	旅行会社のパンフレット	17	17	12	20	20	13	17	15	25	23	14	15	12	9	20
12	自治体や観光協会など地域の公式HP	15	16	8	17	11	19	16	15	25	21	14	12	12	13	20
13	日本にいる家族・知人	13	13	13	13	7	5	20	14	17	24	17	21	15	11	21
14	駅員や交番、道を歩いている人	12	11	8	11	6	12	20	19	21	13	17	13	24	15	14

出典：株式会社日本政策投資銀行・公益財団法人日本交通公社「DBJ・JTBF アジア・欧米豪訪日外国人旅行者の意向調査（2018年度版）」を一部修正

（3）観光表示・案内と異文化コミュニケーション

①　様々な表示・案内法と多言語表記

　訪日外国人旅行者がより円滑に旅行できるよう、我が国では多言語対応、Wi-Fi整備などに取り組んできた。車内放送、駅の表示では、英語、中国語、韓国語の併用が増えている。

　このような取組みを行う場合は、以下の2点に留意したい。

　まず、観光対象、特に歴史に関する背景は、日本語による解説の単なる翻訳にとどめないことが肝要である。元号、時代考証など日本人ならその単語のみで理解できる事柄であっても、外国語に翻訳する場合は説明を加えるなどの配慮が必要である。半面、多すぎる説明がかえって理解、関心を妨げる場合もある。こういったことを避けるためには、翻訳ではなく、外国人の視点からの解説文を作成することが望ましい。

　次に、「言語景観」という視点を持つことである。人々が街で見かけるサインには、レストランや小売り店などの商業サインと、人々の行動・生活の利便性を高めるために公的な機関が設ける公共サインとがある。さらに、公共サインは、「誘導サイン」「位置サイン」「規制サイン」「案内サイン」の4種に分類される。商業サインに関しては、奇抜で目立つもの、変体文字の使用などにより日本情緒を醸し出すものなどがあるが、まちづくりのコンセプトに沿ったものであることが望ましい。一方、公共サインは利便性、平等性にも配慮しなければならないことから、多言語表記にピクトグラム（絵・記号表示）を付けたものが多い。ただし日本語の場合、漢字・ひらがな・ローマ字表記も添えられる場合があるため、言語情報だけで空間が埋め尽くされかねない状態となる。紙媒体による多言語案内、Wi-Fiによる多言語案内を積極的に活用し、街中に文字が氾濫しないよう気を付ける必要がある。

　例えば、稚内市稚内駅前の案内表記は、日本語とロシア語と英語のみである。2018年度の稚内市の訪日外国人旅行者は、台湾、香港、中国、韓国の順に多く、ロシアは7位である。しかし、ロシア語の表記が、稚

北海道稚内駅前の「タクシーのりば」案内
－ロシア語・英語・日本語での案内例

ピクトグラム及び英語・日本語による案内（富士山麓の風穴）－簡潔でわかりやすい

内の地理、歴史を感じさせ、その案内を写真に収める旅行者も多い。

② 言語障壁とやさしい日本語の利用

　訪日外国人旅行者の増加に伴い、前述のような多言語対応が行われるようになった。しかし、小規模観光地、特に少子高齢化の進んでいる地域では、観光事業者の高齢化、事業の後継者がいないことなどから、対応への取組みを躊躇するケースもある。外国人と話すのが怖い、英語ができないといった理由で、宿泊や利用を断る事業者もいる。しかし、スマートフォンの翻訳アプリの活用をはじめ様々な工夫で対応を始め、外国人旅行者とコミュニケーションを取れるようになったケースもある。

　また、最近は「やさしい日本語」によるコミュニケーションが観光現場で見られるようになってきた。「やさしい日本語」とは、わかりやすい日本語という意味である。日本に住む外国籍の人々が増えているが、日常生活での情報伝達が理解しにくい人もいる。日本国内で生活する外国籍の人々の出身は多様であり、約200か国・地域に上る。そのため、中国語、英語、韓国語といった、ある言語に限った翻訳を用意しても十分であるとはいえない。機械翻訳の技術が進んでいるとはいえ、すべての言語に時間差なく正確に対応することは難しい。そこで、短い文、基本的な語彙のみを使用するコミュニケーション法として、「やさしい日

やさしい日本語でもてなしを

本語」が使用されるようになった。文化財をやさしい日本語で説明するプロジェクト、訪日外国人客をやさしい日本語でもてなすという試みが行われている。

インバウンド施策において多言語対応は重要であるが、外国語にこだわるあまり、本来の目的であるサービスの提供がおろそかになってはいけない。バーチャルでは体験できないこと、現地に行かなければ経験できないことこそが貴重な観光魅力であり、その一つに現地の人とのふれあい、コミュニケーションがある。

③　非言語要素の重要性

訪日外国人旅行者が旅行中に困ったこととして、「施設等のスタッフとのコミュニケーションがとれない」が第1位となっているように、外国人旅行者の「旅行の円滑性・利便性」に関わる調査では、常にコミュニケーションの課題が浮き彫りとなっている。これまで述べたような言語による障壁もさることながら、非言語コミュニケーションの重要性・有用性についても理解しておく必要がある。

3 MICEの誘致・開催促進に向けて

（1）MICEの意味と特徴

①　MICEとは

我が国では、政府が2010年を「Japan MICE Year」に定めて、「MICE」の振興に力を入れ始めた。

　「MICE」という言葉は、企業のミーティング・セミナーなどを指す「M」、企業による報奨・褒賞（旅行）などを指す「I」、国際会議・学術会議などを指す「C」、展示会・見本市／スポーツイベント・文化イベントなどを指す「E」から構成されている（**図表8－11**）。国際的なMICEを誘致、開催することにより多くの外国人が訪日する。このような業務による旅行（ビジネストラベル）は、観光産業はもちろん、我が国そして地域の産業経済の発展に大きな効果をもたらす。また、ビジネストラベルの主目的は業務であるものの、付随して観光を楽しむレジャートラベルが含まれるケースが多い。

　MICEを考える際、「C」と「E」については誘致・開催情報が比較的容易に手に入る。しかし、「M」と「I」については、その主催者であるクライアント企業から依頼された"特定の"「M」「I」案件に関わった、"特定の"サプライヤー（旅行会社などのサービス供給事業者）に、"特定の"誘致・開催ノウハウが残されるにすぎないことが多い。その主たる理由は、「M・I」の場合は、その内容や開催手法が主催者である企業側にとっては社外秘であることも多く、まして一般社会に宣伝する必要もないからである。

図表8－11　「M」「I」「C」「E」の意味とその特徴

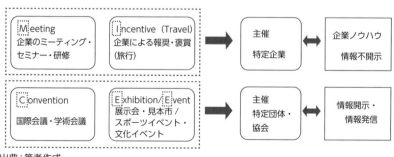

出典：筆者作成

② **MICEの経済効果と社会効果**

　観光庁によれば2016年に我が国で開催された「国際MICE」に伴う総消費額は5,384億円に上り、その消費からの経済波及効果は全体で約1兆589億円、そのうち直接効果は約4,865億円、二次的な間接効果は約5,724億円とされている。

　直接効果とは、参加者による宿泊、飲食、交通、国内航空、観光ツアー、娯楽、観劇、土産品購入、通信など、様々な消費である。間接効果には、主催者が支払う経費、施設・設備利用、機材レンタル、飲食、運営、マーケティング、運送、保険など、多岐にわたる支出が含まれる。このようにMICEは、レジャー目的の一般観光よりも多種多様な関連業種への経済効果の波及がより幅広く、広範な業種においてビジネスチャンスが広がることが特徴である。

　さらに、MICEには経済的な効果以外に副次的な効果（レガシー）がある。Face to Faceの交流による直接的な異文化理解の促進と新たな人的交流の創出・文化創造、感動体験による参加者等の再訪促進、開催地のイメージ・知名度向上等が挙げられる。

③ **MICEの特徴**

　MICEの特徴は、実施時期、ビジネスの特性、費用・支出額の面から捉えることができる。

　一般的にレジャー目的の一般観光は週末・休日、連休・休暇時期に実施されることが多い。そのため、曜日・時期・季節によって観光地にはオンとオフが生まれ、観光産業・観光ビジネスには繁閑差が生じる。一方、MICEは需要の変動が少ない。なぜならばMICEは「平日・閑散期開催」が多いほか、主催者との調整により比較的需要（開催時期）の操作・管理が可能だからである。

　ビジネス特性の面では、MICEは「B to B」ビジネスであることが一般観光と異なる。MICEの主体（主催者）は企業・団体である。したがって（学会などで参加者が費用を個人負担することもある「C」は除き）費

用の負担者は企業・団体である場合が多い。このような特徴を持つ
MICEの開催主体に関連サービスを供給するのは企画・運営会社（PCO）、
会議・展示施設、旅行会社、ホテル、装飾会社、広告会社、印刷会社な
どの企業である（**図表8−12**）。

　MICEは先述のとおり費用負担者が企業・団体であることもあり、支
出額が高くなる傾向が強い。さらにMICEの場合、滞在日数が5日以上
になることも多いため、参加者1人当たりの消費支出額も高くなる傾向
がある。また、「M」に関しては、外国人参加者の多くは企業のマネジ
メント層であることが多く、社会的なステータスが高く、比較的裕福な
層であることが特徴である。これらの層は、ビジネスのほかに、プライ
ベート目的の宿泊や飲食、買物、観光への消費をするため、1人当たり
の消費支出額が高額になる。この傾向はさらに強まり、ビジネストラベ
ルの前後にプライベートタイムを加えた旅行が増えると予測されてい
る。このような旅行を「ブレジャー」（ビジネスとレジャーからなる造語）

図表8−12　MICE の基本構造

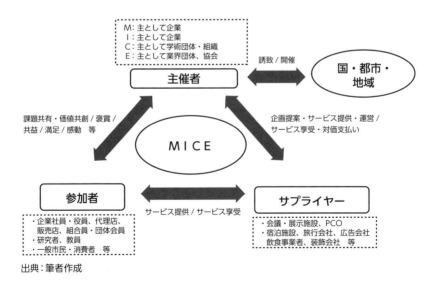

出典：筆者作成

といい、今後の旅行の潮流をなすものとして世界的に注目されている。

> **Column**
>
> ### 国際MICEにおける1人当たり総消費額
>
> 　観光庁の「平成29年度　MICEの経済波及効果算出等事業報告書」によれば、国際MICEの1人当たり総消費額は、企業会議（M）で約27.3万円、報奨・研修旅行（I）で約32.0万円、国際会議（C）で約18.5万円、展示会・見本市（E）で約6.7万円とされる。

（2）地方圏におけるMICEへの取組み

　2018年に我が国で開催された国際会議（C）開催件数は、ICCA（国際会議協会）の統計によれば492件であり、その多くは、国際的なMICE誘致競争に打ち勝つことができるように強化を図ろうと国が選定した「グローバルMICE都市」で開催されており、その他の地方都市での開催はわずかとなっている。

　もっとも、これらICCAの把握対象となるような国際会議は数千人規模のものも多く、誘致に要する時間も5〜10年を要するケースもある。地方圏では会議施設や宿泊施設等のキャパシティの面で、そして誘致体制の面でこれら大規模の「C・E」に焦点を当てた誘致活動には限界がある場合も多い。そのため、地方圏においては比較的小規模な「M・I」を中心とした誘致活動が効果的である。地方圏にも、海外展開を行っている企業が数多く存在する。行政や観光協会が、海外支店・支社関係者を集めた本社での全体会議、海外支店・支社の従業員のための本社見学、工場視察などに地域の観光資源を活用した体験プログラムを織り込んだ企画を提案していく。このような地域に根ざした、魅力的な競争力のある「M・I」の提案が可能であろう。今後、地方圏では「M・I」を新たなインバウンド振興のチャンスと捉える必要がある。そしてまたグローバルMICE都市等と連携して「M・I」のうちの「I」（インセンティブ）の誘致に取り組むという戦略もある。

　地方圏ではこのような「M・I」誘致についてはようやく緒に就いたばかりの地域が多い。まずは国内発の「M・I」の受け入れ・開催実態、域内の企業のうち、海外展開している企業の「M・I」開催ニーズを調査・把握するところから取組みを始めてほしい。

（3）ユニークベニュー開発の重要性

　会議、記念行事、レセプション、表彰式などにおいて、博物館や美術館、歴史的建造物、公的空間などが東京都内や京都市内、横浜市内、松江等の地方都市でも使われることが増えてきた。海外では、イギリスの大英博物館、フランスのベルサイユ宮殿、トルコのイスタンブール地下宮殿などがイベント等のレセプション会場として使用されている。

　このように、その場の本来の使用目的を超え、特別に使用される空間を「ユニークベニュー」という。古民家、天然鍾乳洞、神社、商店街など、今、日本の様々な施設・空間がMICEの「ユニークベニュー」として注目を集めている。ミーティング・セミナー会場やレセプション会場として、インセンティブに関わるイベントの場として、様々な施設のエントランス・ホワイエ・展示室、いろいろな野外空間などの活用を検討することが重要である。ユニークベニューとして活用することにより、博物館や美術館、歴史的建造物などの、施設・空間を提供する側にとっては、維持管理コストに「ユニークベニュー利用対価」を充当することができる。産業遺産などの「遊休資産」の活用も可能となる。ロンドンではこのようなユニークベニューとして使われることを歓迎し、積極的に対応・ＰＲする施設同士の連携組織もある。

　ユニークベニューでのイベント開催は、参加者にその意外性から感動体験を与える。感動体験は、驚き、楽しさや嬉しさ等の情緒的価値となり、その国や地域の文化に対する新しい知識やポジティブな理解をもたらす。情緒的価値が高いほど、参加者や主催者の満足度も高まり、その土地への愛着度も強まる。前述したように、このようなことは、再来訪

の可能性を高めると同時に、「家族に見せたい」「友達を連れてきたい」という波及効果もある。

　京都市は、「世界遺産・二条城MICEプラン」等の事業を設定し、自治体を挙げたMICE誘致・開催に取り組んでいる。「京都ユニークベニューガイド」には、地図・アクセス・利用可能時間・問い合わせ先・写真などのほかに、MICE開催の際に必要な情報として、利用可能な会場の設置階、面積、収容人数、飲食の可否、ケータリングの可否などがきめ細かく掲載され、開催に対する問い合わせに対応している。このような工夫が、ユニークベニューの魅力を伝え、MICE主催者側の関心を捉えるのである。ユニークベニューで行われるMICE関連行事は、参加者に感動を与えるだけでなく、参加者を通じてその地域の歴史や本来の文化的価値も広報することができ、地域活性化のために極めて有効である。インバウンドの振興について、特に地方圏の場合にはこのような地方色ある、地域の文化を生かしたインバウンド型M・Iの誘致・開催を工夫してほしい。

4 インバウンドの振興と異文化理解

（1）インバウンドの振興を支えるグローバル人材の育成

　観光業界では人手不足解消が喫緊の課題となっている。特に宿泊業においては、有効求人倍率が他産業と比較して高水準で推移しており、約8割の企業が人手不足に悩んでいるとされる。同時に不定期な休日や長時間労働等の労働環境も影響して、離職率が30％台と相対的に高いことから、人材の定着を図ることが大きな課題となっている。さらに今後、生産年齢人口の減少とともに労働力供給はさらなる減少が見込まれ、宿泊業従事者数の大幅な縮小が懸念されている。とりわけ地方圏においては就業者の高齢化が目立ち、この層の退職による大幅な就業者数の減少が見込まれる。

　こうした問題については、今後、インバウンドを振興するためにも早急の対策が必要であり、2018年12月には、新しい在留資格「特定技能」による宿泊業人材の受け入れが決定された。これにより、宿泊業をはじめとする観光産業において、就労現場・ビジネス現場での外国人労働者との協働が一層不可欠となった。

　まず、外資系ホテルに多く見られる、マネージャー等がすでに外国人の場合である。米国系のグローバルチェーンホテルでは、多国籍の幹部従業員が日本人従業員より社内地位が「上」にあることから、円滑な運営には言語・価値観の壁を越えた意思疎通が欠かせなくなっている。加えて、上記制度の導入により在留資格「特定技能」による外国人労働者が2019年より宿泊業分野において就労が可能となった。この制度により、５年間で22,000人を上限として直接雇用に限り受け入れが可能となっている。宿泊業技能測定試験に合格することと、ある程度の日本語能力を保有することが条件とされており、採用された場合、フロント、企画・広報、接客、レストランサービスなど宿泊施設全般の業務を担当することとなる。このほか、従来の「技能実習制度」就労をとおして技能習得を目的に来日している実習生の存在もある。この技能実習制度、「特定技能」に関わる制度・運用は、今後変わる可能性もあるので、その動向に留意しつつ、基本的に国籍を問わずすべての従業員が意欲的に仕事に励み、成長できる環境づくりを心がけることが経営層には望まれる。インバウンドの振興に伴い、顧客がグローバル化するなら、職場、従業員の意識・行動もグローバル化してしかるべきである。

　観光業においてはサービスを提供する顧客への形式的な接客対応だけでなく、職場においても国際化が進んでいく。ただしサービスに従事する外国人材は一方では地域の生活者であり消費者である。そうした外国人材がその地に居住し、根付くことが重要であり、そのための環境をつくるべく、行政が関係観光事業者や事業者団体と連携し、地域が一体となり、協働すること、また同じ地域で暮らす住民も含めてそうした環境

を地域の中につくろうと動きを起こすことが大切である。

（2）異文化理解の意義

　「観光は世界平和へのパスポート」といわれるように、観光をとおした国際間の交流と相互理解の促進こそが、インバウンドの振興に取り組む地域における最大の意義であり、財産ともいえる。インバウンドをとおした地域振興を考える際には、単に経済的効果の創出だけではなく、地域社会全体としての効用を考慮する必要がある。

　現在は、経済・社会がグローバル化し、ヒト・モノ・カネ・情報が容易に国境を超えるようになった。このような状況の中、人々はこれまで以上に日常生活やビジネスの世界で他の国や民族との文化的背景の違いを理解し、尊重することが必要である。それぞれの国や民族といった枠組みでその文化を絶対的なものとして捉えるのではなく、お互いの文化、生活様式などの価値を認め、それを受け入れる、「文化相対主義」の姿勢が重要である。これは、インバウンド、観光ビジネスに限ったことではなく、グローバル化した現代社会で生活し、さらにビジネスを行う上で不可欠なことである。

　異文化の相互理解と、人間の本質にある共通点を見つめること、訪日外国人旅行者を受け入れ、接することは、この2点を学ぶ絶好の機会でもある。文化とは、長い時間をかけてつくり上げられた生活様式であり、物事の考え方である。他者の文化と比較することにより、自己の文化を再発見することができる。

　観光に携わる一人ひとりが自国の文化を来訪者に正しく知ってもらいたいと考え、努力することこそが、文化理解の一助となり、来訪者にとってはその土地を観光する魅力となる。このような魅力を感じた旅行者は、その観光（旅行）に意義を見いだし、その土地のファン・支持者となる。企業とその製品やサービスに肯定的な態度を持った顧客の行動を顧客ロイヤリティというが、観光事業においても地域や地域の人々との

触れあい、地域での経験がSNS
への書き込み、直接的な口コミ、
そして再来訪として表れる。

　インバウンドの対応を、単に
訪日外国人旅行者への営利ビジ
ネスのレベルで捉えず、異文化
理解と地域そして世界的規模で
の多文化共生・共存を考えるき
っかけにする視点が必要であ
る。国際観光はビジネスチャン

ムスリム対応－礼拝室、フロアを変えて男女それぞ
れの礼拝室が設置されている例

スにとどまらず、自文化の再発見・発展・新たな文化創造、次世代の文
化意識・郷土愛の醸成などに結びつくものであることも意識して、その
振興に取り組んでいく、行政にはこうした問題意識が必要とされる。イ
ンバウンドの振興をどのように具体的に「地域の内なる国際化」と連動
させるか、様々な手法を工夫、検討し、観光事業関係者はもちろん地域
住民の啓発に当たってほしい。そうした地域がまた外国人旅行者を惹き
つけるのである。

【参考文献】
国連世界観光機関（UNWTO）「International Tourism Highlights」（2019年）

観光庁「令和元年版 観光白書」

JTB総合研究所編『観光学基礎　第7版』（株式会社JTB総合研究所、2018年）275〜290頁

本田弘之・岩田一成・倉林秀男『街の公共サインを点検する―外国人にはどう見えるか』（大修館書店、2017年）

綛田はるみ『国土交通省観光庁事業―産学連携による観光産業の中核人材育成・強化事業―MICEの世界へようこそ―M＆Iビジネスへの誘い―』（横浜商科大学、2019年）3、4〜5、13〜14頁

第9章
地域の観光振興を担う組織、そして財源確保

・・・・・・・・・・・・・・・・・・・・・・・・・・・・・・・・・・・・・・

地域において観光客の誘致に向けた宣伝やＰＲ活動を担っているのは観光協会である。ただし観光協会の組織基盤は脆弱である。海外の都市やリゾート地では観光地経営の一翼を担うDMOが成果を上げている。そこで観光庁は「地域のマネジメント・マーケティング活動を通じて、観光誘客により地域全体の利益を向上させ、地域を活性化させる」主体づくりを促進しようと、2015年に「日本版DMO登録制度」を創設した。

そうした取組みを持続的に行い、組織を安定的に運営していくためには、新たに財源を確保し、地域としてその運営費用を調達する必要がある。そこで注目されているのが、入湯税の超過課税や法定外税（特に宿泊税）、分担金（負担金）、寄附金（特にふるさと納税制度）、協力金等による財源の獲得である。

本章ではこうした地域の観光振興を担う組織とその財源確保に向けた考え方について述べる。

1 市町村の観光協会の現状と課題

（1）観光協会の歴史と特性

①　観光協会の歴史

　地域において観光客の誘致に向けた宣伝やＰＲ活動を担う民間の観光関連団体は、観光協会のほかに観光連盟、観光まちづくり協会、観光コンベンション協会、観光コンベンションビューロー、観光物産協会など、それぞれの団体の設立の背景や目的等により様々な名称を持つ。本章では煩雑さを避けるために、それらを総称して「観光協会」という。

　観光協会に代表される、市町村の観光振興を担う組織（以下、観光推進組織）は、一般的に行政と民間事業者の間に立って、当該地域の観光振興を担う団体として位置付けられる。ただし、旧来、観光行政を直接的に規定する法律がないこともあって、観光協会は商工会議所や農業協同組合などとは異なり、法令に基づく組織ではない。

　「東京都における観光協会の動向に関する研究」（2013年）によると、観光協会の源流は、近代を迎えた明治期に遡る。明治後期から昭和初期にかけて、各地に「名勝を保存する」目的で民間レベルの「保勝会」が現れ、150余りの団体数に上った。一方で、1919年に「都市計画法（旧法）」による風致地区が制度化されると、指定された風致地区に保勝会を設立させ、「保存」と「利用」を両立させる保勝理念のもと、民間団体「風致協会」が設立されるようになった。1930年に入ると、「観光保勝」という言葉とともに観光要素が次第に強まり、「観光協会」という名称が資料に見られるようになり、観光協会という呼称が一般化していった。

　なお、1931年には、現在、日本の観光振興に関する中心的な団体として諸事業を行っている「公益社団法人日本観光振興協会」（以下、日観振）の前身といえる「日本観光地連合会」が各地の観光協会、自治体等により設立されている。

②　観光協会の特性

　地域における観光推進組織は、所管する地域に応じて、おおむね、

・複数の都道府県による広域観光推進組織

・都道府県レベルの観光推進組織

・複数市町村による広域観光推進組織

・市町村レベルの観光推進組織

・観光地レベルの観光推進組織

といったタイプに分類される。市町村レベルの観光推進組織では、特に平成の市町村合併前の旧市町村に基盤を置く観光推進組織が併存している場合も多く、全体としてかなり輻輳した構造となっている。旧市町村の組織も含めて市町村レベルの観光推進組織は、我が国では最も数多く設置されている組織である。

　我が国の観光推進組織の特性の一つに、事業対象とする「地域の重複」と「役割分担の不明確さ」が挙げられる。

　法律により基盤を置く地域が重複することのない商工会議所などとは異なり、例えば、都道府県レベルの観光推進組織、複数市町村による広域観光推進組織、市町村レベルの観光推進組織などでは、事業対象エリアの重複に加えて所属する会員も重複することが多い。

　また、それぞれの組織間で役割や事業内容が明確に分担されていないケースが多い。例えば、観光推進組織の主要業務の一つである誘客宣伝事業において、各組織がホームページや観光パンフレットをとおして同種・類似の情報を発信しているケースは枚挙にいとまがない。

（2）観光協会の機能と役割

　旧来、観光協会は、行政、宿泊施設、運輸交通機関、観光施設、飲食施設などといった観光関連事業者等との連絡調整、基盤を置く地域の観光プロモーションの実施、観光イベントの開催、観光案内所の運営などを主要業務としてきた。このほかには、市町村などからの委託等により

地域内の駐車場や公衆トイレの管理、清掃活動など、観光地の受け入れ環境整備に関連する事業を行ってきた。

　多くの観光施設や宿泊施設が立地する地域の観光協会では、大都市での誘客キャンペーンやイベントの開催、団体客誘致を意識した大手旅行会社向けのキャラバンなどに取り組んできている。しかし団体客から個人客へと旅行市場が大きく変化する中で、毎年、似通った事業を単純に継続し、個人客への対応が遅れているなどの課題を抱えている組織は少なくない。

　詳しくは後述するが、観光協会は組織としての基盤が財政的にも人的にも脆弱で、組織の主旨を伝統的に誘客宣伝事業などの短期的な事業に置いてきたため、長期的な視点に立ったモノの見方、マーケティングに基づいた戦略的な事業展開が行われてこなかった。

　しかし、近年は、特に観光客のニーズの多様化・進化（深化）への対応、人事・財政面での行政依存からの脱却、地域における観光振興の舵取り役への期待などから、機能・業務の見直しや組織の改編が急務となっている。

（3）観光協会の組織的な課題

　地域の観光協会において機能・業務の見直しや組織の改編が急務となっている背景には、次に示す観光協会特有の組織課題がある。

①　観光協会は任意団体が多い

　前述のとおり、観光協会は法律に基づく組織ではないこと、誘客宣伝など活動内容が限定的であること、そして全体的に予算規模も大きくなかったことなどから、組織運営を簡略化するため、あえて法人化せずに任意団体であるケースが少なくない。

　やや古くなるが、日観振の調査（2012年2月）で、市町村観光協会の組織体制（2011年3月時点）を見ると、「任意団体」が31％を占めている（**図表9-1**）。市の観光協会のほとんどが社団法人や財団法人といった

法人形態をとっている一方で、町村の観光協会のほとんどは任意団体である。

図表9-1 観光協会の法人形態、収入の構成等

調査主体	(公社)日本観光振興協会 (2012年2月)	観光庁(2016年3月)
組織の法人形態	・社団法人(新制度移行前) 　35% ・公益社団法人 1% ・一般社団法人 14% ・財団法人(新制度移行前) 8% ・任意団体 31% ・NPO法人 4% ・株式会社 3% ・合同会社 1% ・その他 5%	公益社団法人 8.3% 一般社団法人 47.5% 公益財団法人 6.9% 一般財団法人 1.4% 任意団体 24.0% NPO法人 8.3% 株式会社 0.9% 合同会社 0.5% 協議会・委員会 1.4% その他 0.9%
収入の項目別割合	・会費収入は20%未満、収益事業収入や受託金は50%未満の組織が8～9割を占める。 ・補助金は組織によってばらつきが大きいが、項目の中では50%以上の組織が約4割と多い。	・国からの補助金 0.9% ・都道府県からの補助金 1.1% ・市町村からの補助金 36.8% ・地方公共団体からの指定管理収入 7.7% ・地方公共団体からの「その他の受託事業」収入 12.4% ・会費収入 5.1% ・収益事業収入 26.8% ・民間企業等からの寄付 0.6% ・その他 8.6%
備考	(公社)日本観光振興協会調査によれば、組織上の課題として以下が指摘されている。 ・予算不足 65% ・会費や補助金(助成金)等への依存体質 59% ・人材不足 48% ・行政と民間事業者、あるいは国と市町村との関係で、役割が曖昧 38% ・事業の「選択と集中」の必要性と、会員への平等性への配慮に関わるジレンマ 27% ・ノウハウの不足 15% ・その他 8% ・特になし 2%	

出典：公益社団法人日本観光振興協会『地域観光協会「観光まちづくり」実態調査報告書』(2012年2月)、観光庁「国内外の観光地域づくり体制に関する調査業務」(2016年3月)を基に筆者作成

　また、観光庁が行った調査（2016年3月）を見ても、市町村では「一般社団法人」が47.5％と多い一方で、「任意団体」も24.0％を占めている。

②　行政への依存、補助金への依存度が高い

　観光協会が、行政財産である観光施設や駐車場の管理・運営の受託をとおして独自の財源を確保できる仕組み等がある場合には、安定的な組織運営もまだ可能となるが、そうした例は全国的にはまだまだ少ない。多くの観光協会の主要な財源は、会費収入とイベントなどによる収入、行政からの補助金、観光振興を目的とした事業の受託費等である。

　日観振調査（前出）でも、市町村観光協会では、収入の項目別割合について、「会費収入は20％未満、受託事業収入等が50％未満の組織が全体の8～9割を占める。補助金は団体によってばらつきが大きいが、収入に占める割合が50％以上の組織が約4割と多い」ことが報告されている。同調査では、組織上の課題の項目でも、「予算不足」を挙げる団体が65％、「会費や補助（助成金）金等への依存体質」を挙げる団体が59％にも及ぶ。

　なお、観光庁調査（前出）でも、市町村観光協会の収入の内訳を見ると、「市町村からの補助金」（36.8％）「地方公共団体からの「その他の受託事業」収入」（12.4％）が多くを占めるなど、行政への依存、補助金への依存度が高い状況がうかがえる。

③　職員不足、専門的な知識を有する人材が不足している

　観光協会の専任職員は公設の観光施設の管理運営を任されている場合は別にして、おおむね少数であり、事務局は市町村からの出向職員で構成されている場合も多い。事務局自体が市町村観光所管課内に置かれ、市町村職員が事務局を兼任するケースも少なくない。職員採用も新卒者採用を含め一般公募による職員採用は極めて少なく、幹部役職者は役所の定年退職者の再就職先となっていることも多い。

　近年では旅行会社の社員やOBなどを「観光プロデューサー」等として招聘する観光協会が増えてきている。しかし、多くの観光協会は予算

規模が小さく、処遇・待遇の面からも優秀な人材を正職員として採用することが難しいことから、結果的に市町村からの出向、併任などにより要員を確保せざるを得ない状況にある。

　日観振調査（前出）では、組織の役職員数で「専従役員は不在」が全体の46％、「1人」が47％という団体が多い。専従・兼務を合わせた職員数は「10人未満」の団体が65％、平均9.5人であった。出向者のいる組織は約3割で、市町村から1名ないし数名が出向している例が多い。実務面での総合的な責任者は「事務局長」とする団体が51％に上り、その経歴を見ると市町村の観光所管課に勤務経験のある人材（出向職員も含む）が多い。

　観光庁調査（前出）によると、市町村観光協会の職員数は「5人以上〜10人未満」の団体が全体の28.4％、「4人以下」の団体が全体の30.3％と、小規模な団体が多い。なお同調査によると、観光協会において実質的な業務運営を担う事務局長の平均在任年数は「1〜3年」が59.4％を占めており、比較的短い期間で交替している。市町村の定年退職者が順送りで在籍するポストとなっていることをうかがわせる。

　このように「組織力の強化」「財源の確保」「人材の確保・育成」に関する問題は、観光協会において積年の課題となっている。さらに市場環境の激変、観光地間競争の激化、インバウンドの増大、インターネットの普及等々を背景に、昨今の観光協会には、科学的な根拠に基づいた観光振興に関する取組みの企画・立案機能の充実が求められている。例えば、

・観光をとおしたまちづくりの推進
　 −行政及び多様な産業関係者等との連絡・調整、住民参加の観光ま
　　 ちづくりの取組み等
・プロモーション活動の強化
　 −地域観光情報の集約と発信（ホームページ、紙媒体、電波媒体）

　・多様な情報ニーズに対応できる観光案内所の運営（インバウンド対応を含む）

　・旅行関連事業

　　－宿泊施設や域内運輸交通機関等の予約手配、着地型旅行商品（現地でのオプショナルツアー）の企画・催行、あっせん

といった事業への取組みと、その効果的な実施体制の整備である。

2 「DMO」登場の背景と現況、その課題

（1）「DMO」とは何か

①　政策的な背景・経緯

　「DMO」（Destination Management/marketing Organization）とは、自然景観・歴史文化・レクリエーション空間・宿泊施設等々、様々な魅力要素から構成される観光地について、観光地としての魅力の維持・向上に関わる「観光地経営」を担う法人組織のことをいう。資金力を有する場合には観光商品開発や誘客プロモーション等マーケティング機能を担う組織もある。これまで欧米の都市やリゾート地で発展してきた。

　我が国では、2014年に発足した第2次安倍晋三政権が掲げた、東京への一極集中を是正し、地方の人口減少に歯止めをかけて、各地域がそれぞれの特徴を生かした自律的で持続的な社会をつくることを目指した「地方創生」の政策をきっかけに、DMOが注目を集めるようになった。「日本再興戦略2016」には、「2020年までに世界水準のDMOを全国に100組織形成」といった目標が設定されている。

　我が国でのDMO導入の背景としては、観光を取り巻く社会環境の変化がある。まず、少子高齢化・人口減少社会の到来による国内市場の縮小、一方で急増する訪日外国人旅行者への期待が挙げられる。政府は、2020年に訪日外国人旅行者数4,000万人、訪日外国人旅行消費額8兆円、2030年には6,000万人、15兆円という目標を掲げている。2018年の訪日

外国人旅行者数は3,119万人（前年比8.7％増）と過去最高を記録した。東京オリンピック・パラリンピックが開催される2020年の目標達成もかなり現実味を帯びている。

　地域の観光振興にはこうした訪日外国人旅行者を対象としたマーケティングやプロモーションの見直し・強化、受け入れ体制の充実・強化が、これまで以上に求められるようになってきたのである。

　また、DMO導入の背景には、団体から個人・グループへといった旅行形態の変化、旅行者ニーズの多様化・進化（深化）に、観光地側が対応していく必要性が生じてきたことも挙げられる。観光振興の取組みには、行政、宿泊施設、運輸交通機関、観光施設、飲食施設などといった観光関連事業者ばかりではなく、農林漁業者や商工業者、地域住民まで含めた、広く地域の多様な主体の連携が求められるようになってきた。そして、その多様な主体を一つの方向に導き、地域の魅力を創造・発信する「舵取り役」が必要となってきたのである。

　こうした変化と要請に応える、地域における新たな観光振興の主体として、観光庁が主導して「日本版DMO」を提唱し、その組織化を促したのである。

②　期待されている役割・種類

　観光庁は、2015年11月に「日本版DMO登録制度」を創設した。観光庁によると、「日本版DMO」の定義、基礎的な役割・機能、登録区分、及び登録要件は**図表9−2**のとおりである。

　なお、「日本版DMO」の役割・機能については、「多様な関係者の合意形成」「各種データ等の継続的な収集分析、データに基づく明確なコンセプトに基づいた戦略の策定、KPIの設定・PDCAサイクルの確立」「観光関連事業と戦略の整合性に関する調整・仕組みづくり、プロモーション」の3点に加えて、「地域の官民の関係者との効果的な役割分担をした上で、例えば、着地型旅行商品の造成・販売やランドオペレーター業務の実施など地域の実情に応じて、「日本版DMO」が観光地域づくりの

一主体として個別事業を実施することも考えられる」とある。一時、「DMO自体が稼ぐ」ということが強く求められる状況もあったが、その後、観光庁は「DMOの主たる役割は、地域のマネジメント・マーケティング活動を通じて、観光誘客により地域全体の利益を向上させ、地域を活性化させることであり、DMO自身が収益を上げることではない」

図表9-2　「日本版DMO」の定義、役割・機能、登録区分、登録要件

「日本版DMO」の定義	「日本版DMO」は、地域の「稼ぐ力」を引き出すとともに、地域への誇りと愛着を醸成する「観光地経営」の視点に立った観光地域づくりの舵取り役として、多様な関係者と協働しながら、明確なコンセプトに基づいた観光地域づくりを実現するための戦略を策定するとともに、戦略を着実に実施するための調整機能を備えた法人
「日本版DMO」の役割・機能	・観光地域づくりを行うことについての多様な関係者の合意形成 ・各種データ等の継続的な収集・分析、データに基づく明確なコンセプトに基づいた戦略（ブランディング）の策定、KPI（主要業績評価指標）の設定、PDCAサイクルの確立 ・関係者が実施する観光関連事業と戦略の整合性に関する調整・仕組みづくり、プロモーション
「日本版DMO」の登録区分	・「広域連携DMO」：複数の都道府県に跨がる地方ブロックレベルの区域を一体とした観光地域として、マーケティングやマネジメント等を行うことにより観光地域づくりを行う組織 ・「地域連携DMO」：複数の地方公共団体に跨がる区域を一体とした観光地域として、マーケティングやマネジメント等を行うことにより観光地域づくりを行う組織 ・「地域DMO」：原則として、基礎自治体である単独市町村の区域を一体とした観光地域として、マーケティングやマネジメント等を行うことにより観光地域づくりを行う組織
「日本版DMO」の登録要件	(1)多様な関係者の合意形成 (2)データの継続的な収集、戦略の策定、KPI（主要業績評価指標）の設定、PDCAサイクルの確立 (3)関係者が実施する事業と戦略の整合性に関する調整・仕組みづくり、戦略に基づくプロモーションの実施 (4)法人格の取得、意志決定の仕組み構築、データ収集・分析等の専門人材の確保（※いずれも予定を含む） (5)安定的な運営資金の確保

出典：観光庁ホームページ (http://www.mlit.go.jp/kankocho/page04_000053.html) を基に筆者作成

としている。

　「日本版DMO」の登録区分は、対象エリアの広さに応じて、「広域連携DMO」「地域連携DMO」「地域DMO」の３区分が設定されている。地域において「日本版DMO」の役割・機能を担おうとする法人は、「日本版DMO形成・確立計画」などを観光庁に提出し、観光庁において審査され、まず「日本版DMO候補法人」に登録されることになる。その後、前述した役割・機能の３点に加えて、「データの分析などを担う専門人材の配置」「安定的な運営資金の確保」を加えた５つの登録要件を満たしている場合に「日本版DMO」として登録されることになる。

　2019年８月７日時点で、「日本版DMO」には広域連携DMO10件、地域連携DMO69件、地域DMO57件の合計136件が、「日本版DMO候補法人」には地域連携DMO35件、地域DMO81件の合計116件が登録されている。

　登録されると、内閣府の地方創生推進交付金による支援の対象となりうることに加えて、観光庁をはじめとする関係省庁（国土交通省、内閣官房、総務省、金融庁、文部科学省、厚生労働省、農林水産省、経済産業省、環境省）で構成される「「日本版DMO」を核とする観光地域づくりに対する関係省庁連携支援チーム」を通じて重点的に支援が実施されることになる。

　図表９−３は従来の観光協会と「日本版DMO」の相違点（一例）を整理したものである。端的に捉えれば「地域のマネジメント・マーケティング活動を通じて、観光誘客により地域全体の利益を向上させ、地域を活性化させる」主体であるか否か、それだけの組織体制が整っているか否か、である。

　観光振興をとおした地域活性化への期待が高まるにつれて、全国の市町村においても既存の観光協会を核として「日本版DMO」への登録を目指す動きが活発になってきている。

　しかし、後述するように「日本版DMO」への登録後であっても財源

図表9−3　従来の観光協会と「日本版DMO」の相違点（一例）

	従来の観光協会の一例	日本版DMOの一例
観光戦略	**行政が中心**となって策定 （観光協会も参加）	**DMOが中心**となって策定 （行政も参加）
財源	**脆弱・不安定な財源**	**持続的・安定的な財源** （自主財源、安定的な補助金等）
人材	**兼任、兼務** （緊急雇用、臨時雇用等も主軸）	**専任職員**の配置
事業計画	**会員・地元産業の要望**に沿った 事業計画（地元目線）	**顧客・市場の要望**に沿いつつ 地域要望も叶える事業計画（顧客目線）
	職員の**長年の経験と勘**に 基づく事業計画	**客観的データ**に基づき 長年の経験と勘も加えた事業計画
事業評価	**不明確な評価基準** （曖昧なゴール設定、成果指標）	**明確な評価基準**（ゴール設定、成果指標の 明示、PDCAサイクル）

出典：公益財団法人日本交通公社作成

や人材をはじめとして組織運営上の課題を抱えている団体は少なくない。地域が観光振興に取り組む目的は一様ではない。「日本版DMO」に登録されると国から重点的な支援を得られるといったメリットはあるものの、まずは地域における観光の位置付けや、観光協会のあり方を地域内の関係者でしっかりと議論し、その上で「日本版DMO」への登録を改めて検討していくことが望ましい。

　なお、観光庁は2019年度途中より、地域の多様な関係者の参画を促すためには国民にわかりやすい呼称が必要ということから、DMOという言葉ではなく「観光地域づくり法人」という言葉を用いるよう、呼称の変更を行っている。

（2）海外のDMO

　DMOはもともと海外で生まれた概念であり、発達した組織である。DMOには、「Destination Management Organization」と「Destination Marketing Organization」の二つの定義があるが、いずれもブランディングによりその観光地のブランド力を高めることを目的としている。

　こうした海外でのDMO概念登場の背景と、その基本形について公益

財団法人中部圏社会経済研究所の紹介が大いに参考となる。その内容を見るとおおむね**図表9－4**のようである。

　我が国の昨今の観光協会や「日本版DMO」には前述したように広範な役割・機能が求められているのに対して、海外のDMOは経済振興を主なミッションとしていることが特徴といえる。

図表9－4　海外での DMO 概念登場の背景と基本形

●概念登場の背景

1. 1990 年代前半、製造業向けのマネジメント／マーケティング／ブランディング理論が、ホテルなどを含むサービス分野に拡大。
2. 1990 年代後半になると、観光の国際化や多様化に伴い、ホテルなど単体施設にとどまらず、観光地（ディスティネーション）にも、その理論を展開する取り組みが欧米を中心に展開されるようになる。
3. 2000 年代に入ると、こうした取り組みを展開する組織を、従前と区分する呼称として DMO が使用されるようになった。

観光地ブランディング活動として、
観光地マネジメント AND/OR マーケティングを行っている組織が DMO である。

1. Destination Management Organization と Destination Marketing Organization の 2 つの定義がある。
2. いずれも、観光地ブランディングを行い、ブランド力を高めることを目的とする組織を明示する呼称であった。
3. ただし、現在では、観光協会（Tourism Organization）や CVB（Convention Visitors Bureau）を、DMO と総称するようになっている。

●基本形

1. 行政から独立した民間組織である。
2. オフシーズン、ショルダーシーズン対策が基本的なミッション（経済振興）である。
3. 観光客数に連動する自主的な財源を有する北米系と、補助金・会費に依存する欧州系の 2 つに大きく区分できる。
4. 前者は、潤沢な財源をもとに「マーケティング」が主体の活動。
   ・具体的には、MICE（主にビジネス・ミーティング）、国際観光（インバウンド）、デジタル・マーケティングの 3 つが主たる対応分野
5. 後者は、（マーケティングを展開するだけの資力が無いので）「マネジメント」系統
   ・実際には、プロモーションや商品開発などが主体
   （注）デスティネーション・マネジメントは、その実現可能性を否定する主張もある（Pike 他、2014）。

出典：公益財団法人中部圏社会経済研究所「中部圏におけるインバウンド観光の広域連携に関する調査研究－インバウンド観光に取り組むDMOについて 報告書」(2018年5月)を基に一部修正

（3）「日本版DMO」の現状と課題

2015年の「日本版DMO登録制度」の創設以来、先進的な取組みを進めるDMOが現れ始めている一方で、DMOの役割や組織のあり方についての課題も浮かび上がってきた。

2018年10月、観光庁は「世界水準のDMOのあり方に関する検討会」を設置し、DMOの改善の方向性や具体的検討の方向性等について議論を始めた。その中で、「DMOを巡る地域の現状と課題」として、

- ・役割分担が不明確、取組み内容が重複、地域内での観光施策の意義、役割の共有が不十分
- ・組織・財源・人材（人材育成）について「多様な関係者の意思決定の仕組みが不十分」「安定的かつ多様な財源の確保が課題」「人材面で組織の専門性の維持、向上が課題」

といった指摘が行われている（**図表9－5**）。いずれも旧来の観光協会が抱えていた課題であり、観光協会が形式的・表面的に装いを変えてDMOという位置付けを得たにすぎない実状がうかがえる。

したがって今後、「DMOが主体的・自立的に運営できる制度的な裏付けを検討する」「安定的かつ多様な財源の確保を目指す。地域の実情を踏まえ、条例による特定財源（宿泊税、入湯税等）の確保を目指す」などが提案されている。

3 観光振興財源をいかに確保するか

（1）様々な観光財源

多くの地域で経済の活性化が喫緊の課題となっている。観光にもその牽引役が期待されているが、前述のとおり、多くの観光協会や「日本版DMO」が「組織」「財源」「人材（人材育成）」を課題としている。

特に財源の問題については、地域の魅力や競争力を高めることを主な役割としている観光協会や「日本版DMO」が、独自に事業を展開し、

図表9－5　「日本版DMO」が抱える共通的な課題

「DMO」の目的・役割について	・国、JNTO、各層DMO、自治体の役割分担が不明確であり、取組み内容の重複も見られる等効率的に取組みが実施されていない場合がある。地域における観光施策の意義、その達成に向けての自治体・DMOの役割が十分に共有されていない場合もある。 ・地域の観光資源や受入環境の整備等の着地整備に関する取組みが十分なされぬまま情報発信に偏った取組みを行っているDMOが見られる。
「DMO」の組織・財源・人材（人材育成）について	・DMOの意思決定の仕組みに、文化財、国立公園、農泊の関係者等、ディスティネーションの関係者の参画が確保されていない場合がある。 ・財源について、多くのDMOでは安定的かつ多様な財源の確保の点で課題を抱えている。特に受益者負担の視点を踏まえた特定財源の確保の取組みの例は少数に留まっている。 ・出向者が中心となっている組織では、専門的なスキルの蓄積や人脈の継承が困難であり、組織としての専門性の維持、向上に課題を抱えている。
「DMO」全般の底上げに向けた改善の方向性について－DMOの組織・財源・人材（人材育成）のあり方について	・DMOの意思決定は、地域の関係者が中心となって行うこと。その観点から、DMOの組織（意思決定の仕組み）には、文化財、国立公園、農泊、アクティビティー、農林水産業、商工業の関係者等、ディスティネーションの関係者の主体的な参画を確保するべき。また、地域連携・地域DMOにおいては、DMOの役員の過半以上が地域の関係者で占められていることが望ましい。 ・DMOのガバナンスについて、行政の下請けとしてではなく、DMO自身が主体的かつ自立的に運営できるよう制度的な裏付けについても検討がなされるべき。 ・地域は、DMOの財源について、安定的かつ多様な財源の確保を目指すべき。その観点から、国が一律の方針を示すのではなく、地域の実情を踏まえ、条例による特定財源（宿泊税、入湯税等）の確保を目指すことが望ましい。DMOは、受益者負担の観点等から各財源の特性を踏まえ、それらの地域の多様な財源をマネジメントし、活用することが重要。 ・出向職員を中心とした組織体制から脱却し、組織全体の専門性を維持・向上することが可能となるよう、プロパー職員の確保・育成と、即戦力となる外部人材の登用の両面について取組みを実施するべき。その際、マネジメントスキルを客観的に測定する外部指標の活用等も検討すべき。 ・国は、DMOにおける人材確保・育成を支援するため、国際観光旅客税の活用も視野に入れつつ、人材育成プログラムの創設、人材採用バンクの活用等を検討するべき。

出典：観光庁「世界水準のDMOのあり方に関する検討会 中間とりまとめ」（世界水準のDMOのあり方に関する検討会 2019年3月）を基に筆者作成

その運営費用までをも捻出することは容易なことではない。「日本版DMO」の中にも、株式会社の法人格を取得して、旅行事業、宿泊事業、地域商社事業（特産品開発、販売・流通構築）、体験観光プログラム開発・販売事業、自治体からの飲食・物販施設管理運営受託等、様々な事業に取り組む団体が一定程度見られるが（**図表9－6**）、「指定管理」の形での自治体所有の施設の管理運営などを別にすれば、そうした事業を成功

図表9－6　株式会社の法人格を有する「DMO」の事業例

所在県	「日本版DMO」の名称	事業概要
岩手	(株)八幡平DMO	ITを活用した情報発信、外国人観光客受入環境整備、二次・三次交通施策・実施サポート、広域観光連携、観光プログラム開発・商品造成　等
秋田	(株)かづの観光物産公社	見学体験施設の運営、レストラン等の経営、観光土産等の販売、貸会場、テナントの募集、旅行業　等
栃木	(株)大田原ツーリズム	農家民泊と農業体験を中心とした旅行の企画運営、企業旅行、海外からの団体体験旅行の企画運営、自然体験プログラム、寺社巡りなどによる体験プログラムの実施　等
福井	(株)まちづくり小浜	道の駅の運営、濱の四季の運営、MACHIYA STAY（町家の宿）事業　等 （EC事業化や新商品の開発等も拡大予定）
長野	(株)阿智昼神観光局	着地型旅行商品の企画・運営、販売（日本一の星空ナイトツアー、星空ナイトバスツアー等）、Webサイト運営と宿泊販売（今後、特産品開発や食との連携にも注力）
三重	伊勢まちづくり(株)	商店街及び地域振興イベント、空き家・空地・空き店舗などの活用事業、特産品の企画、開発及び飲食事業、物品・酒類販売、宿泊・観光関連事業、旅行サービス手配業　等
宮崎	小林まちづくり(株)	複合施設の管理、観光交流センターの活用、空き店舗の活用、まちなか情報発信、地域産品の商品化・販売、コミュニティ・スペース管理運営　等
鹿児島	(株)薩摩川内市観光物産協会	旅行事業、物産事業、放送事業、中心市街地活性化事業　等

出典：中野文彦「「稼げる地域づくり」に向けたDMOの役割（コラムVol.401）」公益財団法人日本交通公社ホームページ観光研究コラム（2019年7月）を一部修正

軌道に乗せているケースは多くはない。着地型旅行商品の開発・販売を主とする旅行事業など、低単価で、しかも集客に苦戦している例が少なくない。

　これらの成果については、今後の検証が待たれるところであるが、観光振興の取組みは幅広く、概して難易度が高い。これらの取組みを確実かつ持続的に行い、組織を安定的に運営していくためには、新たに独自の財源を確保することも必要であるとの認識が高まってきている。地域において観光協会や「日本版DMO」を核として観光振興に取り組んでいくのであれば、地域としてその運営費用を調達する必要がある。

　こうした状況にあって、近年、特に注目されているのが、宿泊税に代表される「法定外税」の導入や入湯税（超過課税）の活用である。

　公益財団法人日本交通公社では市町村が導入可能な観光振興のための財源の獲得手法を「徴収の強制力の有無」と「受益者（事業者）負担の強弱」の二つの軸から整理し、①入湯税の超過課税や法定外税（特に宿泊税）、②分担金（負担金）、③寄附金（特にふるさと納税制度）、④協力金の四つを挙げている（**図表9－7**）。

　徴収に強制力を持った財源獲得手法には、①入湯税の超過課税及び法定外税（特に宿泊税）、②分担金（負担金）があり、これらの導入には条例の制定が必要となるなど難易度は高いが、安定的な財源を確保できるというメリットがある。一方で、徴収に強制力のない財源獲得手法には、ふるさと納税制度等を活用した③寄附金や④協力金があり、これらは比較的容易に導入できるものの、財源としての安定性に欠けるといった問題がある。

（2）導入例

①　入湯税の超過課税や法定外税（特に宿泊税）

（ア）　入湯税の超過課税

　「入湯税」は法定税で、観光客を対象とした税制の中では最も一般的

図表9-7　日本で利用できる観光のための財源獲得手法

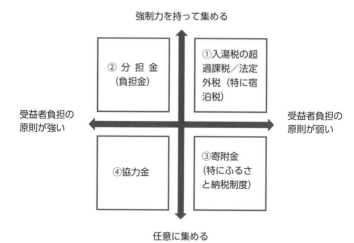

（注）協力金と寄付金に関しては厳密な区別なく使われることが多いが、協力金の場合は受益者
　　負担の原則という考え方のもと、使途を明確にする傾向が高いため、図のような整理を行
　　った。
出典：池知貴大「観光振興財源を取り巻く国内外の動向（特集　インバウンド時代の観光振興財
　　源）」観光文化238号（2018年7月）9頁を一部修正

　なものであり、鉱泉浴場を有する市町村が、鉱泉浴場への入湯に対し、入湯客に課す目的税である。1957年に目的税として規定された税制であり、使途は「環境衛生施設の整備」「鉱泉源の保護管理施設の整備」「消防施設その他消防活動に必要な施設の整備」「観光の振興（観光施設の整備を含む）」の四つに大きく分けられる。しかし、「観光の振興（観光施設の整備を含む）」が使途に追加されたのは1991年のことであり、この段階ではすでに他の使途に利用されている税金を観光振興にまで再配分して使われるケースは多くなかったと見られている。

　そこで検討されることになるのが、入湯客に対して標準税率150円よりも高い税率を課し（超過課税）、超過課税分を観光振興の財源として利用するという考え方である。この方法だと、すでに各用途に配分されている予算は影響を受けないことから、導入の難易度は軽減されること

になる。代表的な事例として北海道釧路市などが挙げられる。

　入湯税の超過課税による財源確保は、既存の税制を活用するため比較的導入が容易で、徴税にかかる費用も低いというメリットがある。ただし、入湯税を徴収していても温泉施設が少ない地域では、十分な税収を確保することは難しいといった点には留意が必要である。

■北海道釧路市「阿寒湖温泉」の事例

・2016年度から10年間、国際観光ホテル整備法の登録旅館・ホテルに宿泊する一般客の入湯税を現行の1人1泊150円から250円に引き上げた。同法による登録旅館・ホテル以外の宿泊施設の入湯税は従来どおりである。

・阿寒湖温泉の観光関係者が観光地域づくりの財源を捻出する目的で要望していた。上乗せした分を新設する基金に積み立て、使途を観光振興に限定して活用する。

・基金に積み立てるのは、国際観光ホテル整備法の登録旅館・ホテルにおける入湯税250円のうちの100円。基金は、同法の登録旅館・ホテルが所在する地域の観光振興に充てられることから、結果的に阿寒湖温泉の観光地域づくりに還元されることになる。

(イ)　法定外税（特に宿泊税）

　「法定外税」とは地方税法に定める税目（法定税）以外に、自治体が条例により税目を新設するもので、普通税、目的税に分かれる。

　昨今、観光振興の財源として注目を集めている「宿泊税」は法定外税に該当する。この宿泊税は、海外では一般的であるが、我が国では観光振興財源として検討されることも時折あったものの、宿泊事業者などの反対により実現してこなかった。それが2002年10月に東京都で初めて導入されることになる。検討段階では東京都ホテル旅館生活衛生同業組合からの反対などもあったが、「東京の観光を産業として捉え直し、これを振興するための財源の一部として宿泊税を活用して、立ち遅れている東京の観光振興を展開させることが、宿泊税創設の最大の眼目である」などの知事答弁にもあるように、目的や使途の明確化を行うことで

関係者の理解を得てきたという経緯がある。

　その後、追随して導入する自治体はなかったが、2017年1月に大阪府で、2018年10月には京都府京都市が市町村で初めて、その後、2019年4月に石川県金沢市、2019年11月には北海道倶知安町と、宿泊税の導入が相次いでいる。2020年4月には福岡県及び福岡市でも導入が予定されているが、福岡市内では県と市がともに宿泊税を徴税する全国初の「二重課税」となる。

　宿泊税は、自治体が持つ課税自主権に基づき設定する独自の税制であるため、税額（税率）や課税免除の設定内容などは一定ではない（**図表9−8**）。例えば、東京都では納税者は旅館業法上の宿泊施設の利用者で、宿泊料が1万円未満は課税免除、宿泊料1万円から1.5万円未満は税額100円、宿泊料1.5万円以上は税額200円という設定である。京都市では民泊も含めた宿泊客が納税者であり、課税免除はなく、税額も宿泊料

図表9−8　自治体が導入した宿泊税の税率等一覧

		東京都	大阪府	京都市	金沢市
開始日		2002年10月1日	2017年1月1日	2018年10月1日	2019年4月1日
対象施設		旅館・ホテル	旅館・ホテル、簡易宿所、民泊	旅館・ホテル、簡易宿所、民泊（違法含む）	旅館・ホテル、簡易宿所、民泊
宿泊料金区分(1人1泊当たり)	~7,000円未満	非課税	非課税	200円	200円
	~10,000円未満	非課税	100円		
	~15,000円未満	100円	100円		
	~20,000円未満	200円	200円		
	~50,000円未満	200円	300円	500円	500円
	50,000円以上	200円	300円	1,000円	500円

出典：公益財団法人日本交通公社作成

２万円未満は200円、宿泊料２万円から５万円未満は500円、５万円以上は1,000円と、東京都とは大きく制度が異なっている。また北海道倶知安町では宿泊料の２％という定率方式を国内で初めて採用している。

　これら宿泊税は宿泊施設を多く有する市町村には有効な手法となるが、宿泊施設の少ない観光地、日帰り客の多い観光地には適していない。こうした地域では、福岡県太宰府市が「歴史と文化の環境税（法定外普通税）」を、大阪府泉佐野市が「空港連絡橋利用税（法定外普通税）」を、沖縄県伊是名村が「環境協力税（法定外目的税）」を設けているように、地域の特性を踏まえた税制の検討を行っていくことになろう。

■京都府京都市の事例－市町村で全国初－

・2018年10月導入。旅館・ホテル、簡易宿所、民泊などの宿泊者から１人１泊当たり最高千円を徴収。収入は景観保全や混雑解消、違法民泊の排除など、観光振興の費用に充てる。

・旅館・ホテル、簡易宿所、民泊など、全ての宿泊施設の利用者が対象。修学旅行など、学校（大学を除く）の行事で宿泊する生徒・児童やその引率者は対象外である。

・税額は３段階に分かれる。宿泊料金が２万円未満で200円、２万円以上５万円未満で500円、５万円以上で千円を１人１泊当たり徴収する。宿泊料は食事代、消費税、入湯税を含まない料金で、素泊まり料金とそれにかかるサービス料の合計を指す。

・民泊は適法、違法を問わず徴収の対象である。

■北海道倶知安町の事例－国内初の定率方式－

・国内外から年間160万人の観光客が訪れている。外国人を中心に長期滞在者が増え、ホテルやコンドミニアムなど宿泊施設の建設が続いている。

・2019年11月に導入。町内の宿泊施設の宿泊客から宿泊料金の２％を徴収し、増加する観光客の受け入れ環境の整備など観光振興の財源に充てる。

・ホテル・旅館、民宿、ペンションのほか、民泊の宿泊客も対象とし、食事料金を除いた素泊まり料金に一律２％を課税する方式である。修学旅行や学校行事での利用者には適用しない。

②　分担金（負担金）

「分担金（負担金）」は受益者負担の原則が強いという点が特徴的である。アメリカやイギリスでは、この制度を特定地域のマネジメントに展開した「BID」（Business Improvement District）が普及している。この制度を、日本国内で適用可能とする制度が、2018年6月に施行された「地域再生エリアマネジメント負担金制度」である。同制度は「3分の2以上の事業者の同意を要件として、市町村が、エリアマネジメント団体が実施する地域再生に資するエリアマネジメント活動に要する費用を、その受益の限度において活動区域内の受益者（事業者）から徴収し、これをエリアマネジメント団体に交付する官民連携の制度」であり、前述の「①入湯税の超過課税や法定外税（特に宿泊税）」のように強制力を持って徴収することが可能となる。

しかし、根拠となる制度はできたものの、導入は大都市で先行しており、中小都市や観光地での実績はほぼ見当たらない。財源獲得手法の一つとしてその動向を注視しつつ、観光地への導入については丁寧な検討が求められる。

③　寄附金（特にふるさと納税制度）

観光に関連する寄附金制度の事例としては、「地方税法等の一部を改正する法律」によって2009年度より導入された「ふるさと納税制度」を活用したものが多い。同制度は、「納税」という言葉はあるが、実際には都道府県や市区町村への「寄附」である。ただ課題として、大口寄附者の有無にもよるが、一般的に財源としての規模が小さいこと、安定性に欠けることなどが挙げられる。

④　協力金

観光に関連する協力金制度の多くは、自然公園や歴史文化資源等を利用する観光客に、環境保全やサービス維持を目的として協力金の拠出を依頼するものであり、導入は自治体ばかりではなく、観光協会や各種協議会等、様々な組織で可能である（**図表9−9**）。

図表9−9　観光客を対象とする協力金の事例

協力金制度名称	世界遺産集落保存協力金	美ら海協力金
実施地域	岐阜県白川村・せせらぎ公園駐車場	沖縄県宮古島市
実施主体	一般財団法人世界遺産白川郷合掌造り保存財団	美ら海協力金連絡協議会
使途	修理、修景、地域活性化、調査普及事業	島の海洋環境保全、観光とダイビング事業の振興、水産業の振興
対象者	駐車場利用者	ダイビング客
金額	普通車1,000円（うち200円が協力金）、大型車3,000円（うち1,000円が協力金）	1人1日500円
期間	通年	通年
収受方法	財団が受託運営する村営駐車場で収受	ダイビングショップを通じて収受

出典：前掲・池知（2018年）10頁を一部修正

　収受期間は、季節限定（夏の登山シーズン、花木の開花期間等）や行催事の期間であることが多い。収受方法は、駐車場利用者から駐車料金に協力金を含めて1台当たりで収受するケース、また来訪客一人ひとりから収受するケースなどがある。金額的には1人当たり100〜数百円であることが多い。

　協力金制度は法定外税の導入などと比べて相対的に容易であり、今後、地域における観光振興の財源としてその重要性がさらに高まる可能性はある。ただし、協力金の収受には強制力がなく、収受額は税方式よりも不安定で小さくなりやすい。また信頼を損なわないように使途について公開するなど、運用には注意が必要である。

（3）観光財源確保に際しての留意点

　東京オリンピック・パラリンピックが開催される2020年の訪日外国人旅行者数4,000万人、訪日外国人旅行消費額8兆円、2030年の6,000万人、15兆円の目標実現に向けて、今後も観光振興への取組みは政府、そし

て各地域で積極的に展開されていくものと思われる。そして、地域の観光振興の「舵取り役」「牽引役」として、観光協会や「日本版DMO」への期待はますます高まっていくことが想定される。

　すでに見たとおり、現状では多くの観光協会や「日本版DMO」が「組織」「財源」「人材（人材育成）」に課題を抱えているが、特に財源についてはその確保に向けた検討や具体的な取組みが増えていくことになろう。

　しかし、観光財源確保に向けた検討に際しては、その前提として、地域の多くの関係者とともに、「観光ビジョン」（地域の観光将来像と、その実現に向けた具体的な戦略等）を策定し、皆で共有しておくことが何よりも大切となる。その中で、観光財源を確保すべく何らかの方式で制度を新設するのであれば、負担者の理解を得るために、その使途を明確にしておくことが肝要である。例えば、前述した釧路市阿寒湖温泉の事例でも、阿寒湖温泉ではかねて「阿寒湖再生2010プラン」「阿寒湖温泉創生計画2020」を策定し、滞在環境づくりを計画的に行ってきた。そして、入湯税の超過課税の導入後は、「国際観光地整備事業」「おもてなし事業」に取り組んでいる。「観光ビジョン」の策定と共有、観光財源の使途の明確化をしっかりと行った上で、多方面から議論を尽くし、地域の実情に合った制度の導入について考えていくことが望ましい。

【参考文献】

西村幸夫編著『観光まちづくり―まち自慢からはじまる地域マネジメント』（学芸出版社、2009年2月）243～246頁

公益財団法人日本交通公社編『観光地経営の視点と実践（第2版）』（丸善出版、2019年4月）108～123、138～153頁

本間悠子「東京都における観光協会の動向に関する研究」『学位論文梗概集2013』（2013年1月）

公益社団法人日本観光振興協会ホームページ（http://www.nihon-kankou.or.jp/home/）

梅川智也「観光研究最前線（1）　第24回旅行動向シンポジウム　第1研究セッション〈総括〉　観光推進組織の事業と財源―自立的運営に向けて」観光文化224号（2015年1月）47～53頁

地域観光協会『「観光まちづくり」実態調査報告書』（公益社団法人日本観光振興協会、2012年）254 ～ 264頁

観光庁「国内外の観光地域づくり体制に関する調査業務」（2016年3月）2 ～ 31頁

首相官邸ホームページ（https://www.kantei.go.jp/jp/headline/chihou_sousei/index.html）

観光庁ホームページ（http://www.mlit.go.jp/kankocho/）

公益財団法人中部圏社会経済研究所「[中部圏におけるインバウンド観光の広域連携に関する調査研究]インバウンド観光に取り組むDMOについて 報告書」(2018年5月)14頁

観光庁「「世界水準のDMOのあり方に関する検討会」中間とりまとめ」(2019年3月)

中野文彦「「稼げる地域づくり」に向けたDMOの役割（コラムVol.401）」公益財団法人日本交通公社ホームページ観光研究コラム（2019年7月）

池知貴大「観光振興財源を取り巻く国内外の動向（特集 インバウンド時代の観光振興財源)」観光文化238号（2018年7月）4 ～ 15頁

山田雄一「観光振興財源について」都市とガバナンスVol.31（2019年3月）136 ～ 144頁

第**10**章
観光計画のつくり方と
外部専門家の生かし方

・・・・・・・・・・・・・・・・・・・・・・・・・・・・・・・・・

観光計画は計画精度によって構想計画・基本計画・実施計画というように区分される。本章では「地域として目指すべき観光地のあり方」を考えるときに根幹となる観光基本計画に即して、そのつくり方をまず説明する。

地域において観光振興に取り組む際には理念と同時にソロバンが大切である。「どこで（場所と場面）、どのように（方法）」観光消費を促進するかである。また同時に観光客の入り込みに伴う地域社会への弊害、マイナス効果を最小化させなければいけない。

これらの問題を検討したり、まして観光計画を策定したりするに当たっては、外部専門家・コンサルタントの活用が必須である。質を伴って仕事を全うできる外部専門家・コンサルタントであることが重要で、当該専門家・コンサルタントの経験値でその質は大きく分かれる。本章ではそうした外部専門家・コンサルタントの選び方と生かし方についても詳説する。

1 観光計画とは何か

　観光計画には、計画の策定主体、計画の対象、計画のレベル（精度）、計画期間等によって様々な計画がある。それによって計画名称も異なってくる。

　本節では、地域計画として市町村が策定主体となり、当該市町村域を計画対象地域とする観光計画について説明する。

（1）観光計画の必要性と意義

　講演や観光振興コンサルティング業務などでいろいろな地域を訪ね、その地域における観光振興のあり方をめぐる様々な議論に参加する中でよく見かけるのは、行政、民間事業者、関係住民等々様々な人々がそれぞれの立場から「てんでんばらばらな」主張をし、堂々めぐりの議論を繰り広げていたり、いつも同じような議論を蒸し返していたりする光景である。悪いことに、「観光」に関しては誰でもその旅行経験から何がしかの意見を唱えることができる。それがまた議論を拡散させたり、混乱させたりする。結果、「比較的簡単にできること」「イベントやキャンペーンのような誘客プロモーション」「時々の『ブーム』への対応・追従」へと偏重して進んでいくことが多いように思われる。

　昨今のインバウンド対応などその典型である。地域としてどのような外国人観光客に訪れてほしいのか、そのためにどのような地域の魅力を訴求すべきなのか、そうした戦略性を持ち合わせない地域が多い。「インスタ映えする魅力素材は何か？」といった近視眼的な対応が目立つ。さらにいえば、そもそもインバウンドの振興について、地域の中で理解がほとんど共有されていない地域すらある。行政は観光振興の一環で外国人観光客の誘致に熱心だが、外国人観光客の受け皿となる現場の民間事業者は「対応に手間暇がかかる外国人客は（本音では）受けたくない」

「行政とのお付き合いもあるから協力はするが……」という地域が実際にある。こうしたことでは、当然のことながら当該地域ならではの、特色ある魅力的な観光地づくりはいつまで経っても実現しない。

　持続する観光地とは、美しく快適な環境のもとで、観光客が訪れるたびに感動・感嘆する魅力を有する観光地である。そうした魅力を維持・強化するためには、観光資源の保全と価値を引き出すべく観光対象としてのさらなる整備・演出、当該地域ならではの地域特性を生かした新たな魅力を付加してさらなる「経験価値」を創造していくという継続的な取組みが不可欠である。

　「地域としての望ましい観光のあり方」を地域の中で共有し、その具現化へ向けた考え方と方策・手順・主体等、いい換えれば、「何のために（目的）、どこで（場所）、何をもって（魅力）、誰が（主体）、いつ（時期）、どのように（手法）」という「５Ｗ１Ｈ」について論理的かつ体系的に定めたものがここでいう観光計画である。

　我が国では各都道府県、そして「第２章３地域の観光振興政策と施策」で紹介したように観光産業が多く立地する市町村ではそうした観光計画を策定しているものの、観光計画は法定計画ではないために未策定の市町村も多い。また「観光計画を持っている」とする市町村も「計画定理」を踏まえていないケースは決して少なくない。

　ビジョン、グランドデザイン、基本計画、マスタープラン等々、計画の性格・レベル（精度）によっていい方が異なることがあるが、いずれにせよ観光計画は「地域として目指すべき観光地のあり方」に向けた、地域の観光振興に関わる多様な主体が共有すべき「羅針盤」である。こうした認識を関係者にはぜひとも持ってほしい。

（２）観光計画の種類とそれぞれのレベル（精度）

　観光計画は他の地域計画と同様に、実現化に向けた計画レベル（精度）によって構想計画・基本計画・実施計画というように区分される（**図表**

10－1）。これは計画期間とも重なる。

　「理念」「目指すべき将来像」「方向性」までのレベルで定める構想計画の場合、おおむね計画期間は10年ないし10年超である。よく「ビジョン」という計画呼称を使用するケースが見られるが、これは構想計画に相当するものといえる。

　基本計画はおおむね5～10年を計画期間とし、計画期間内に達成するべき定性・定量目標、その目標達成へ向けた方針、そしてそれぞれの方針に基づいた施策とその重点度や優先度、計画の実施体制等から構成するレベルのものである。計画呼称として「振興計画」を用いる例も多く見られるが、これは基本計画として捉えるべきであろう。したがってその内容・精度は基本計画レベルで検討する必要がある。

　実施計画は基本計画に盛られた主要施策・優先施策について文字どおり「実施」する時期と内容、その手順を定めるものである。計画期間はおおむね3年程度の短期計画として捉えるべきで、当然のことながら具体的な着手年度と事業期間・事業規模と事業費・事業主体が明確化されていることが不可欠である。この実施計画は当該施策が誘客プロモーション等のソフト施策の場合、「行動計画」「アクションプラン」という計画呼称をとることが少なくない。

　なお、こうした計画レベル（精度）の相違による構想計画・基本計画・

図表10－1　観光計画の種類と計画のレベル（精度）

種類	計画期間	骨子
①構想計画（ビジョン、基本構想、グランドデザイン）	長期（おおむね10年又は10年超）	理念及び将来像と方向性
②基本計画（振興計画、マスタープラン）	中～長期（5～10年）	理念及び将来像、定性的・定量的目標と実施方針、主要（優先）施策、実施体制
③実施計画（行動計画、アクションプラン）	短期（1～3年）	実施年度、事業予算、実施主体

出典：筆者作成

実施計画という、実現化に向けた計画区分は、計画対象が市町村域内の特定の観光資源・観光レクリエーション施設や観光地点・観光地区の整備を図る場合にもあてはまる。

2 観光基本計画のつくり方

　前述したとおり、観光計画には構想計画・基本計画・実施計画といった種類があり、それぞれ策定するに当たって検討すべき事項は異なる。本節では「地域として目指すべき観光地のあり方」を考えるときに根幹となる観光基本計画に即して、そのつくり方を説明する。

（1）観光基本計画策定に至る事由・経緯と策定目的の明示

　まず重要なことは観光基本計画策定に至る事由・経緯と策定の目的を明示することである。観光基本計画は、都道府県などでは観光振興条例で策定することを規定している例が多いが、国の法律によって自治体がその策定を義務付けられる法定計画ではない。したがって策定に至る事由や経緯は地域によって異なる。

　それらを大別すると、「これまで数次にわたり策定を重ね、当該計画期間の終了を迎えるに当たり"新"観光基本計画の策定に入るケース」「高速交通体系の変化等、外部環境の大きな変化を契機とするケース」「既存産業の衰退に伴い、観光産業を地域の新たな主要産業として位置付けようとするケース」「地域の観光振興に関わる、首長の何らかの問題意識・政策的意向によるケース」というようである。これら策定に至る事由や経緯が計画策定の目的に密接に関連する。

　現行観光基本計画について、その計画期間の終了を前にして新計画を策定する場合は、現行計画の達成状況と未達部分についての検証・評価が求められる。その上で、地域を取り巻く外部条件及び地域の内部条件の変化を踏まえて新基本計画の理念や目標設定等を考え直さなければな

らない。

　これまで観光基本計画を持たなかった地域が、全く新しい取組みとして観光基本計画の策定に取り組む場合には、先に例示したような「観光基本計画策定に至る事由・経緯・目的」を明確にし、計画策定に関わる関係者の中でその理解を共有しておくことが大切である。「観光基本計画策定に至る事由・経緯・目的」は、いわば計画条件、計画策定の与件として、基本計画の理念・目標・方針に大きく関係するからである。

（2）観光基本計画策定の体制づくり

① 策定に向けた予算措置

　繰り返し述べているように、観光基本計画は法定計画ではないので、その策定に当たっての予算措置は自治体の単独予算（単費）対応となるのが通例である。この点が「道の駅」のように、国の補助事業の支えの中で整備が図られる施設の計画策定とでは大きく異なる。ここが財政厳しき折、なかなか観光基本計画策定予算がつきにくいゆえんである。

　しかし地域全体の観光振興のあり方、そして観光的な土地利用のありようを定めた観光基本計画がない中で、個別の観光関連施設の整備等の施策が先行するのは本来的に奇異な話であろう。地域における観光振興の重要性を行政として政策的に位置付けるのであれば、その根幹をなす観光基本計画の策定に関する予算措置は避けて通れない行政課題といえよう。

　観光基本計画の策定に当たり、国の交付金・補助金事業を活用して取り組む例も見られる。観光計画策定の担当課は観光主管課であることがほとんどであるが、こうした国絡みの交付金・補助金事業の活用を工夫する上では観光主管課と政策企画主管課等との連携が重要である。

　さらに「第9章3観光振興財源をいかに確保するか」で述べた「観光振興財源の確保」とも関連づけて中長期的な予算措置を考えていく必要もあろう。

② 策定の体制づくり

㋐　策定組織

　観光基本計画の策定主体は市町村とはいえ、主管課の職員のみで計画をつくることはない。市町村条例により「観光（政策）審議会」が設置されている場合は、首長が審議会に対して諮問し、審議会が答申するという形をとることになる。しかし市町村レベルで観光審議会を設置するケースはあまりなく、通例は時限的な「設置規約」を定め、その規約に基づいて「計画策定委員会」等を設け、当該委員会において計画内容を議論、決定する、そうして計画をオーソライズさせる方式をとる。市町村長が当該委員会に対して諮問し、策定委員会として市町村長に答申する形をとることもある。

㋑　策定組織の構成

　従前より観光基本計画を策定してきた地域の場合、策定組織の構成員は観光・商工団体の代表者や地域の有力な観光事業者が主であった。しかし、「観光は地域づくりそのもの」「観光産業の裾野は広い」という考え方から、近年は多様な主体から構成されるのが一般的である。

　人数規模的に10人を大きく超えるようであれば実質的な議論が成立せず、形式的な会議体にとどまってしまう可能性があることに注意しながら、例えば農漁業者や市民団体、地域のメディア関係者、地域づくりに関わる女性グループ関係者、移住者等に参画してもらう。「観光は地域づくりの総仕上げ」との考え方のもと、計画策定後の施策推進における協力・連携をも見通すなら、様々な主体に策定に関わってもらうのが望ましく、それは観光基本計画の内容に関わる関係主体の合意形成という意味でも重要である。

㋒　策定業務の担い手

　審議会であれ計画策定委員会であれ、その会議体において「白紙」の状態から計画をつくっていくわけにはいかない。「計画策定ワーキング・グループ」と称する議論・協議組織を設けることもあるが、いずれにし

ても何かしらの「協議・議論のたたき台」の作成は必要であり、また協議・議論の整理ととりまとめも必要である。

　そうした業務の担当は主管課の職員であるが、そこで担当職員の負担業務量と専門性の問題が生じる。計画策定委員会を組織した場合、開催回数だけでも年度内に３、４回は必要とされる。ワーキング・グループを設けて実質的な議論を行い、内容を段階的に深めていくにはこれも年度内に５、６回は開催する必要があろう。その準備だけでも相当の業務負担となる。こうした負担を考慮しながらも計画策定に伴う予算措置が講じられない場合には「自前」での計画策定とならざるを得ない。しかしここで「専門性」の問題が出てくる。

　計画策定には相応の計画技術（プランニングの技法）を要し、まして「第７章」で見たとおり観光振興には専門性が要求され、観光地間競争の激化とともにその必要性が強くなっている。したがって一定の予算措置を講じて、外部のコンサルティング会社等に策定業務を委託する例も多い。

㈡　業務委託に当たっての留意事項

　計画策定業務を外部に委託するに当たっては、「一般競争入札」か「公募・企画コンペ」方式かのいずれかを選択するのが通例であるが、入札金額のみで決める競争入札には、結果的に当該地域の実情に即した計画案ができあがってこないという懸念が否定できない。

　計画策定業務コストの大半は（計画書の印刷費は別として）手間暇も実費コストもかかるアンケート調査を実施しない限りは、受託者による現地への旅費と作業人件費である。これが「過少」であれば、それだけ「現地にはあまり通わない（したがって地域の事情に最後まで疎い）」「作業は通り一遍で流す」という業務対応を招きかねない。

　公募・企画コンペを実施する場合には、応募された企画案を的確に評価する「眼」が必要である。応募してくるコンサルティング会社も「総合計画策定」系コンサルティング、「都市計画・まちづくり」系コンサ

ルティング、「建設土木」系コンサルティング、「経営マネジメント」系
コンサルティング、さらに旅行会社や広告会社等々、計画策定業務委託
費の規模にもよるが実に様々である。この点、策定する観光基本計画の
「策定のねらい」「力点」と照らし合わせて委託事業者を選定することが
大切である。

　ただし大前提は「観光のことがわかっている」ことである。「観光の
ことがわかっているか、いないか」は、観光地マーケティングの知識・
ノウハウの有無で判断できる。本章「4 外部専門家・コンサルタントの
生かし方」も参照しつつ、的確に評価・判断してほしい。様々な分野か
ら参入してくる事業者が多いだけに、ここは十分留意したいところであ
る。

　もう一つ大切なことは「当該地域のことをよく知り、愛着を持ってく
れる」事業者（担当者）であること。これは「受託会社の担当者が現地
に通ってくる回数と費やす時間の関数」でもある。「丸投げ」すること
なくそうした関係性の中で受託者と「協働」する心構えと姿勢が大切で
ある。地域の観光基本計画は「計画書」という成果物で見ると、委託者
と受託者の「共同作品」である。作品の質を高めるには、委託者の心構
えと姿勢も問われる。

（3）観光基本計画の策定フロー

　観光計画論の権威者である故・鈴木忠義東京工業大学名誉教授は、観
光計画策定の一連の流れについて「問診を行う、場合により検査する、
そして問題の所在を診断し、処方する」といった、医師の診察によく例
えられた。すなわち観光基本計画策定の流れは、観光振興に関わる地域
の現状分析（問診・検査）→解決すべき課題の抽出（診断）→基本計画
の策定（処方）が基本である（**図表10－2**）。

　最終的に確定させる前に、いわゆるパブリック・インボルブメント（PI）
手法を導入し、市町村のホームページに計画案をアップロードして住民

図表10－2　観光基本計画策定の流れ

出典：筆者作成

の意見を募る（パブリック・コメントの実施）ケースも目につくようになっている。寄稿意見の多寡は地域によってバラツキはあるが、地域の観光振興に対する住民の関心を醸成する上で効果的な手法といえる。またこれらPIと同時に行政内の関係各課との調整、常任委員会等の議会関係への説明・報告・調整を行うこととなる。

（4）観光基本計画策定において記述すべき標準的な事項と手法

　以下、観光基本計画を策定する際に記述すべき標準的な事項と、そのための調査・計画手法についてその要点を記載する。

①　計画条件の整理

　初めに計画の位置付け・性格付けを明示する。観光基本計画は特に市町村総合計画との関係において、その「観光部門」計画であることを示す。

　次いで、計画目標年と計画期間を設定する。

②　現状の把握と課題の抽出

⑦　現状の把握

　現状の把握に当たっては、外部社会環境及びマクロな観光市場動向等の外部条件の現況と計画期間における見通しを捉える。

　次いで、域内の内部条件、すなわち観光対象や未活用の観光（地域）資源、レクリエーション施設、観光産業（観光レクリエーション施設・宿泊施設・観光土産品店・飲食店等）の現況、観光利用動向、域内外交通条件、

観光宣伝及び観光情報の受発信の現状を把握、分析する（**図表10－3**）。観光産業の経営実態、そして観光利用動向の中でも観光客の特性を把握する上ではアンケート調査の実施が必要となる。ただし問題は実施・回収に時間・費用を要することである。さらに実施する際には適切な調査

図表10－3　現状分析に際して把握すべき事項

	把握項目	把握事項	参考資料等
■外部条件	・我が国の旅行市場	・国民の旅行動向(定量・定性) ・インバウンドの動向(定量・定性)	・観光白書(国土交通省) ・訪日外国人消費動向調査(国土交通省観光庁) ・旅行年報(公財)日本交通公社　等
	・我が国の経済・社会環境	・経済動向、消費動向、人口構成や国民の価値観変化等	・経済財政白書(内閣府)、人口推計(総務省統計局)等
	・所在都道府県の観光入り込み	・観光客入り込み客数、宿泊客数、都道府県内・外別割合、消費額の動向	・都道府県観光統計(及び観光白書)
	・広域観光・交通条件	・周辺観光地の整備動向・広域交通体系・機関の変化(動向)	
	・市場における当該地域の知名度や観光イメージ	・主たる対象市場(想定される市場)－日帰り圏及び1泊圏における当該観光地の知名度、観光イメージ、来訪経験　等	※インターネット利用アンケート調査での対応が必要
■内部条件	・観光対象	・種類と魅力度、受入れ基盤(サイン・トイレ、駐車場等)、周辺景観(修景)の状況等 ・地理的分布状況 ・体験観光商品の種類・内容 ・観光施設の経営・運営状況(利用者数・売上げ・雇用状況等)	※魅力の評価は(公財)日本交通公社「観光資源台帳」の利用が可能 ※民間施設の場合はアンケート調査での対応が必要
	・観光資源	・埋もれた資源(地域資源)の存在	
	・レクリエーション施設	・種類と施設規模、周辺の類似施設 ・レクリエーション施設の経営・運営状況(利用者数・売上げ・雇用状況等)	※民間施設の場合はアンケート調査での対応が必要
	・宿泊施設	・種類と施設規模、周辺の類似施設 ・経営状況(利用者数・売上げ・雇用状況等)	※アンケート調査での対応が必要
	・域内交通条件	・域内の移動交通条件(二次交通)	
	・その他の観光産業(土産品店、飲食店、運輸交通事業者)	・経営状況(利用者数・売上げ・雇用状況等)	※アンケート調査での対応が必要
	・観光入り込み(含む、外国人観光客)	・観光客入り込み客数・宿泊客数の動向 ・観光客の性・年代、発地、同行者(旅行形態)　等	・入り込み統計 ※アンケート調査での対応が必要
	・観光宣伝及び情報発信・受信と域内における情報提供	・観光宣伝・PR状況(対メディア・旅行会社等) ・情報発信の状況(紙媒体・電子媒体) ・情報受信の体制(問い合わせや苦情対応等) ・域内における情報提供の状況(観光案内所の運営状況等)	

出典：筆者作成

設計と調査票の作成が不可欠である。特に観光客の特性の把握に関わるアンケート調査は適切に設計されなければ意味はない。

　なお、観光客の行動特性を把握する上で、近年では地方創生のデータベースとしての「RESAS」（地域経済分析システム、内閣官房まち・ひと・しごと創生本部事務局提供）や、携帯電話の基地局情報（ローミングデータ）・携帯電話のGPS情報・SNSでの投稿情報に代表される「観光ビッグデータ」の活用も可能である。例えばSNSデータの場合、分析対象地域の観光対象の景観や歴史的建造物・飲食等に関連する単語が含まれる発信内容（言葉）を抽出することにより、来訪観光客の関心対象を拾うことができる。

　この種のデータの利用により従来は判然としていなかった観光客の流動パターン等の行動特性の一端を知ることができる。ただし個々のデータには偏りもあって完全ではない。したがって活用目的に照らし合わせ、それぞれのデータの性格と限界を考慮して使用することが大切である。地域の観光振興に向けたICTの活用に関わる調査に取り組んでいる観光庁では、2017年3月に訪日外国人旅行者の旅行特性を調査対象に取り上げた「ICTを活用した訪日外国人観光動態調査に関する手引き」を公表している。これらは大いに参考となる。

■観光客特性把握アンケート調査の留意点
・調査時期・曜日：実施負担は大きいが、極力、春・夏・秋・冬、それぞれ平日（1日）及び週末（1日）に実施することが望ましい。「母集団」（客層）が異なる可能性が高いからである。
・調査地点：域内の主要な観光対象（地点）において実施する。ただし集計段階で（各調査地点における回収アンケート票をすべて合算し）「当該市町村全体」としての傾向を知るためには、各調査地点において、いずれも例えば「（調査開始時間より）5〜10人間隔でアンケート対象者を抽出」して調査を行う必要がある。そうすることによって調査当日の当該地点への来訪客数に比例したサンプル数をとることができる。よく見かけるのは各調査地点とも手当たり次第に調査し、ほぼ同数のサンプル数を確保し、合算・集計するケースである。しかし、

それでは「もともと来訪客数が少ない観光地点でとったサンプル」のウエイトが相対的に重くなり、当該地点に偏った結果が生じる。アンケート調査の場合、常に「母集団は何か」を意識しなければいけない。

・調査項目：性・年代、発地、同行者（旅行形態）、来訪目的、域内での立ち寄り観光地点、これまでの来訪経験、当該地域での宿泊の有無と泊数、利用宿泊施設タイプ、前泊・後泊地、利用交通機関、来訪満足度、飲食・土産品購入等費目別消費額、当該観光地の問題点（要望事項）、今後の再来訪意向　等

(イ)　計画課題の抽出

現状把握・分析の後に解決すべき課題を抽出し、計画課題を明確にする。この作業は基本計画の計画方針・主要施策の設定に直結するのでおろそかにしてはいけない。

導き出される計画課題は、例えば現在の観光魅力が市場ニーズの変化に対応できていない、日帰り観光利用が非常に多い、季節変動の問題が解消できていない、域内の観光地点間の結びつきがなく回遊利用がほとんど見られない等々、地域によって様々である。したがってここでは計画課題抽出に向けた評価の視点を10点に絞って例示しておく。

・観光市場におけるニーズの変化との対応で観光対象やレクリエーション施設の魅力（見せ方や楽しませ方）、宿泊魅力を評価する。
宿泊魅力については「連泊して楽しめるか、連泊する価値・魅力があるか」という評価が重要である。

・未活用の観光資源、埋もれている地域資源を見いだし、その活用へ向けた阻害要因を明らかにする。

・域内及び周辺地域の観光対象相互の結びつきをハード（案内・誘導サイン、交通路線）、ソフト（テーマ性・ストーリー性、交通機関の体系）の両面から評価する。すなわち周遊促進に関わる環境・条件の有無である。

・入り込み観光客・宿泊客の増減傾向や月別・季節変動を捉え、これまで取り組んできた施策を評価する。

・外国人観光客の来訪に対応した受け入れ環境（地域レベル・施設レベル・観光関連従事者等の意識レベル）について評価する。

・観光客の入り込みに伴う地域社会への負荷・マイナス効果を検証する。

・農林漁業や製造業と観光との結びつきによる域内産業間連携、「地産地消」促進の見地から、特産農林水産品の食材としての有効活用・名物食化・観光土産品化、産業体験観光商品化について評価する。

・域外からの交通アクセス及び二次交通の利便性を評価する。

・観光事業に関わる人材（含むガイド・インストラクター）の数的確保と質的な向上の体制、地域としてのホスピタリティ意識醸成の気運について評価する。

・観光宣伝・PR、観光情報受・発信の質量とその体制について評価する。

　こうして例示しただけでも導き出される計画課題は数多い。それらを整理し、解決の方向性を検討する手法として、「第7章」で触れた「SWOT分析」は有効である。さらに課題も時間軸で捉えれば、短期的に解決を要するもの、中長期的視野に立って対応を図るべきものがある。両者を混同することなく、戦略的に捉えていきたい。

③　基本計画の策定

㈠　計画理念と将来像の設定

　計画理念とは、当該市町村として「観光振興をとおしてどのような地域・まちを目指すのか」を定めるものである。「観光まちづくり」「観光地域づくり」という言葉をよく聞く。この言葉はより正確にいえば、「観光振興をとおしたまちづくり・地域づくり」であり、市町村全体とすると「観光振興」は魅力あるまちづくり・地域づくりの「手段」ということである。

　将来像はそうした理念に基づき、計画期間が10年であれば10年後に実現を目指すべき観光地像（「イメージ」といってもよい）を指す。この

将来像の検討に際しては、観光地としての「キャッチフレーズ」「キャッチコピー」と誤解され、議論されることが多い。しかし「キャッチフレーズ」「キャッチコピー」はそうした観光地像を市場に訴求していく際のフレーズ・コピーである。ここを混同してはいけない。

　参考までに筆者が策定に関わった、群馬県の「沼田市観光基本計画」（2017年3月）に定める観光振興の理念と観光振興像（将来像）について**図表10−4**に掲げる。

(イ)　計画目標（数値）の設定

　まず「計画目的」と「計画目標」（ゴール）は違うことを改めて認識したい。「計画目的」は前述の「計画理念」とほぼ同義である。対して「計画目標」は前述の「将来像の実現」とイコールである。ただし問題は「将来像」は定性的な表現で記述され、その達成度合いを測りにくいことである。

　近年、目標達成度を評価・測定するために「KPI」（Key Performance Indicator）設定の重要性が唱えられ、同時に「PDCAサイクル」を回していく必要性が指摘されている。これらを踏まえるなら、やはり観光基本計画において設定される目標も数値で表された「数値目標」を含める必要がある。

図表10−4　観光振興の理念と観光振興像

■理念	①市民が誇り、市民が輝くまち ②森林文化都市として、自然と歴史文化のあるまち ③観光をとおして、市民と来訪者が多様にふれあうまち
■振興像	①来訪者が四季折々、何度でも訪れたい、豊かな自由時間を過ごしたいと思うまち 　四季折々の魅力、美しい景観、多様なアクティビティ、新鮮な食材 ②健康保養増進のまち 　温泉と森林、新鮮な食材 ③来訪者が市民と様々に触れあい、交流し、人の温もりを感じるまち 　市民の郷土意識、地域への誇り、地域全体でのおもてなし

出典：「沼田市観光基本計画」（群馬県沼田市、2017年3月）を基に筆者作成

　地域の観光基本計画策定において一般的に見られる数値目標の評価指標は、入り込み客数、宿泊客数、観光消費額である。これらに来訪観光客の満足度を加える例もある。

　ただし、目標数値の決め方、ひいては評価指標の設定のあり方は、観光地としての将来像及びその実現へ向けた戦略をどのように考えるのかということと関係する。「リピーターを増やす」のであれば、「リピート率・再来訪希望率」を、「連泊滞在型宿泊観光地化を目指す」のであれば「平均泊数」を、さらに「域内回遊性を高める」のであれば「域内立ち寄り地点数」を評価指標に設定する必要がある。観光消費額の増大についても、宿泊・飲食・土産品購入・観光体験等々、観光客による消費は様々な側面があることから、そうした側面に着目して観光消費を分解し、それを指標とする数値目標が設定されてよい。そこまで落とし込んで考えないと、観光消費額増大のための効果的な施策は具体化しない。

　もっともこうした指標を設定する際の問題は「現状がわからない」ことである。この点は、計画策定作業と並行して（そして計画策定後も進捗評価のために定期的に）何らかの形でアンケート調査を実施するしかない。

(ウ)　基本方針と主要施策の策定

　計画目標の達成へ向けた基本方針（これは、計画方針、計画の方向性、基本戦略といった呼称をとることもある）は通例、3〜5〜10本が設定される。そしてその基本方針に基づいて具体的に地域として取り組むべき主要施策（事業）を検討し、基本計画として計画に盛り込んでいく。

　こうした基本方針及び主要施策のあり方はもちろん各地域によって異なる。観光基本計画はあくまで「個別解」である。したがってここでは参考例として、前述の「沼田市観光基本計画」の一端（抜粋）を紹介しておく。

「沼田市観光基本計画」に見る基本方針と主要施策の例

〈●印：基本方針レベル、・印：主要施策レベル〉
●マーケットを想定し、戦略を持って臨む〜戦略マーケティング〜
　−ICTの活用、きめ細かな情報発信
・来訪者のターゲッティング
　ターゲットの設定と見直し、モデルプランの作成
●地域の魅力の向上
　−埋もれた観光資源の発掘、既存資源の磨き上げ、市内ゾーンごとに個性の引き
　　出し
・既存観光資源の魅力向上
　老神温泉・吹割の滝ゾーン−健康美容の泉質（老神温泉）アピール
・良好な景観整備（風景づくり）
　景観の魅力を高めるルールづくり−「観光地」ならではの魅力ある自然・里山・田園・
　集落・市街地の修景及び景観形成の推進
●地域内の連携強化
　−観光事業者、市民、行政ほか、地域内の様々な企業や団体との連携と魅力的な
　商品の開発、おもてなしの向上、周遊ルートの整備、二次交通の改良、各観光ス
　ポットへのアクセスの見直しなどによる利用者のユーザビリティ向上
・観光交流・滞在プログラムの充実
　農林業・商工業と観光の連携推進−見せる場、体験する場としての農林業・商工
　業の活用、観光農園等における体験と滞在（休憩と飲食等）の魅力づくり
●オール沼田の観光まちづくり
　−市民参加を第一に、沼田ぐるみ、全員参加の観光まちづくり
・住民参画の促進
　誰でも参加できる仕組みづくり、おもてなし力の向上
・小中高生の郷土意識向上と観光への理解向上による交流促進
・観光まちづくりに関わる人材の育成
　（注）上記は同計画の一部であり、また紙数の関係もあり、筆者が加筆修正して
　　　いる。

㈢　主要施策の着手時期と事業主体の検討

　主要施策の着手時期について検討する際のポイントは、計画課題に照
らし合わせた着手優先度の考慮と施策実施に要する事業期間の想定であ
る。この施策着手時期・事業期間はおおむね「短期」（3年）、中期（5年）、
長期（10年）とするのが一般的である。

　施策実施あるいは関与主体は行政（含む国・都道府県）・観光協会等の
事業者団体・観光関連事業者（含む農林漁業者や商工事業者）・住民（含

む住民団体）とに区分される。ここで行政が担うべき役割は、観光客受け入れ促進に関わるインフラ整備、観光客の誘致に関わる体制整備、そして次項で述べる計画の進行管理等である。

　ただし民間事業者・団体の存在感が強い大都市圏と違い、地方圏においては行政の役割が相対的に大きくならざるを得ない。そこでの行政の役割を平たくいえば「芽出し」（先導）、「後押し」（支援）、「橋渡し」（事業者・各種事業者団体等の仲介及び連携の場づくり）である。

(オ)　計画の推進体制と進行管理

　策定された観光基本計画の具現化に向けた計画推進体制は、計画の進行管理の体制をどのように構築するかということでもある。

　具体的には、前述した「計画策定委員会」等の構成を見直しながら、住民・市民団体も含め地域振興に関わる多様な主体・団体から構成される、いわば「観光地振興のプラットフォーム」を構築することが望ましい。そこできちんと計画の進行管理を行っていく。主要施策によっては、個別に「施策・プロジェクト推進チーム」を設けることも考えられてよいであろう。

3　経済効果を最大化し、地域社会へのマイナスを最小化させる

（1）経済効果の最大化──観光地域づくりにおけるロマンとソロバン

　地域において観光振興に向けて掲げる理念、そして掲げる将来像は、いわば「ロマン」の領域の話である。しかし各地域が観光の振興、観光の活性化に取り組む主目的として観光産業の活性化、観光をとおした地域の産業経済の活性化がある。「観光をとおした外貨（域外からの来訪者による域内消費）の獲得」「観光で稼ぐ」「稼ぐことができる観光の振興」を前面に押し出し、率直に謳う地域も現在では少なくない。

　観光客は、「見る」「体験する」「食べる」「買う」「動く」「泊まる」といった形で多様な消費活動を地域で行う。さらにそうした一次的な消費

活動に対して様々な商品・サービスを提供する観光関連事業者が、さらに原材料やサービスを域内の関連事業者から購入する形で観光客による消費効果は二次的に波及していく。原材料・サービスの域内生産力と調達率によって経済波及効果の数値は異なるが、観光客の消費による域内への生産誘発効果はおおむね1.3～2倍強に上ることが各市町村の調査により明らかとなっている。

　こうした観光消費に伴う経済効果を高めるためには、域内生産力・調達率を高めること、そして域内における観光関連産業相互の連携を促進することが重要である。同時に、観光客による消費機会・消費額そのものを増やすことが必要である。「どこで（場所と場面）、どのように（方法）」観光消費を促進するか。これはいうなれば「ソロバン」の話である。その具体的な取組み方は「第6章4　農林漁業や製造業と観光との結びつけ」で述べたとおりである。地域の観光振興に当たっては「ロマン」を実現させる取組みとともに、こうした「ソロバン」をはじく取組みを工夫したい。

（2）地域へのマイナス効果の最小化

　「オーバーツーリズム」という言葉に見られるように、地域において観光振興を進めていく上で観光客の入り込みに伴う地域社会への弊害、マイナス効果も発生することが少なくない。オンシーズンの交通渋滞をはじめとする地域の交通環境の悪化、騒音やゴミの増加、地価の上昇・家賃の上昇による住生活への影響等である。歴史的な町並み観光地では観光客のマナー違反による一般住宅の敷地への侵入や家屋内の「覗き見」すら起きている。そうしたマナー違反については事案ごとに、地域として厳しく対処することが肝要である。

　オーバーツーリズムについては地域の「観光客受け入れ容量」と関連する問題でもあり、宿泊収容力・域内交通輸送力・観光客用駐車場収容力・ゴミ処理能力等々、多面的に考慮して対応する必要がある。

　そしてまた、京都市が力を入れて取り組んでいる、観光客の「訪問時間帯の分散」「訪問場所の分散」「訪問時期・季節の分散」促進に見られるように、「一日の中でも比較的オフとなる時間帯」「魅力ポテンシャルはあるものの相対的に低利用の観光地点」「オフシーズン」への観光利用の誘導といった方策も効果的といえる。

　地域へのマイナス効果を最小化させ、持続的な観光地としていくことは「観光地としてのブランド価値」を高めることにもつながる。観光地のブランド化には「個性化（他地域との差別化）」「イメージ創出と効果的なコミュニケーション」が必須であると同時に「ハード・ソフト両面にわたる品質の維持・管理」が必要要件となる。ブランドの本質は「消費者の期待・信頼を裏切らない」ということであり、観光地においてはサービスの質とともに「観光地空間・環境の質」が問われることに留意したい。

4 外部専門家・コンサルタントの生かし方

（1）外部専門家・コンサルタントを活用する意義

　観光計画の策定、あるいは観光関連調査に当たっては、外部専門家・コンサルタントの活用が必須である。観光計画は一見、どの地域でも通用しそうな柱建てがされており、自治体職員が策定を行うケースも出てきた。その職員が十分な経験や知見を持っているならば問題ないが、まだ観光分野では経験が不十分な職員の対応では、深掘りされた計画策定や調査分析は難しい。

　観光計画の柱は、観光資源探し、観光資源評価、マーケティング、観光資源の磨き上げ、具体的なアクションプラン、受け入れ環境・サービス、プロモーション、地域の推進体制など多岐にわたり、それぞれに専門的な知識が必要である。それらを総括して計画策定していくためには、経験豊富な専門家を活用すべきである。

　また、観光計画で重要なのは、外の目である。自治体職員自らの内の目だけでは見えない、外から見た魅力、外から見た課題・問題点、外から見た気づき等が必要であり、その意味でも外部専門家・コンサルタントの活用は有益である。

　観光関連調査においても、公開されているRESAS（地域経済分析システム）などを活用したり、Webサイト情報を活用した、いわゆるデジタルマーケティングも自主的に実施できるが、データ収集後の分析力という面では専門家・コンサルタントを活用することを勧めたい。

（2）外部専門家・コンサルタントの生かし方・活用方法

　外部専門家・コンサルタントの生かし方については、ケースによっていくつか方法がある。観光計画全般や各種調査を業務委託として調査・コンサルティング会社等に発注するケース、専門家やコンサルタントとして個人に業務委託するケース、調査・策定検討会議や委員会、検討ワークショップ等へのアドバイザー参加として個人謝金で対応するケース、講演会・研修会等の講師やコーディネーターとして謝金対応するケースなどが挙げられる。

①　業務委託

　観光計画策定において最も多い外部専門家・コンサルタントの活用方法としては、業務全般を外部委託して計画策定を行うケースである。

　外部委託の利点としては、計画策定における業務の効率化と専門性と経験による計画の質の確保が挙げられる。自治体が業務発注する場合、各自治体に登録された事業者すべてに対し公募する方法と、実績等から指名した事業者に対し公募する方法がある。また公募の方法も、企画競争と入札、大きく二つのパターンがあるが、各自治体による発注金額の規定等によってその区分けが決められていることが多い。

　発注金額は計画策定に必要な項目（主には調査関連）によって変わってくる。特にマーケティング調査においては、その内容によって大きく

作業内容や金額が異なる。一般的には自治体の観光計画策定や調査業務では、数百万円から上限でも２千万円以内の範囲の業務が多い。ただ、外部委託は、当該企業に「丸投げ」することを意味するのではなく、行政もともに考えること、ともに検討していくことが重要である。調査・コンサルティング会社においては計画立案までは確実に実施するが、計画の実践については継続した業務発注がない限り、行政が中心となって進めていかなければならない。したがって、丸投げして任せたままでは、いざ実践の段階で十分な実行力を伴わないおそれがある。

② 専門コンサルタント契約

観光計画策定予算が十分に確保できない場合、自治体職員が計画を策定することもある。ただし、前述したとおり、観光計画策定には多角的な視点が必要であり、職員だけで検討するのではなく、外部専門家・コンサルタントの視点、意見は加えたい。基本的な計画推進は行政で行いながらも、その進め方や調査方法、調査結果に対する意見をもらう専門コンサルタントを活用することで、計画や調査分析結果を充実したものにすることができる。

業務全般を外部委託するよりも予算は軽減される一方で、職員の業務は当然増える。そのバランスがとれるのであれば、専門コンサルタント契約による計画策定はあり得る。

契約方法は、年に12回（月１回ペース）とか、６回（２か月に１回ペース）など、コンサルタントの派遣回数によって決められることが多い。計画推進のタイミングに応じて派遣回数は決められ、派遣費用はその会社あるいは個人によっても差はあるが、１日単位、あるいは時間単位での業務費用が決められる。

③ アドバイザー参加

専門コンサルタント契約よりも、自治体側にとっては予算的に、またコンサルタント側にとっては業務内容的に軽い負担となるアドバイザーとして依頼する方法もある。自治体が自主的に策定する観光計画や関連

調査の諸段階における検討会議や委員会、市民や担い手参加のワークショップ等においてアドバイザーとして参加してもらい、経験に基づく大所高所からのアドバイスを受けることにより質を維持することになる。自治体規定の謝金での対応をコンサルタントが引き受けてくれる場合には、個人への謝金対応となるケースが多い。

　最近では、こうしたアドバイザー派遣を国や自治体が行うケースも見られており、2019年度においては、観光庁で「広域周遊観光促進のための専門家派遣事業」が実施されたほか、東京都・公益財団法人東京観光財団においても「東京都観光まちづくりアドバイザー人材バンク」を設け、アドバイザーを派遣しており、各地でもこうした人材派遣事業がある場合は活用したい。

④　講演会、研修等における活用

　アドバイザー参加という方法がある一方で、自治体あるいは観光協会等が主催する講演会や研修会において講師として専門家・コンサルタントを招く方法もある。地域における最重要課題をテーマとした講演会等を開催することで、ヒントや気づきを得ることと、それに基づいて計画策定あるいは計画に基づくアクションプランなどへの展開を進めることも想定される。特に重要なのは、観光計画策定においては、行政のみで観光計画策定を進めるのではなく、観光振興の担い手である事業者や関係機関、市民などが一緒になって意識共有、課題共有をするべきであり、各種調査結果の発表に合わせた講演会や研修会は、その位置付けの場とするならば有効である。

（3）外部専門家・コンサルタントの選定方法

①　業務委託先の選定方法

　観光計画策定や調査業務においては、決められた仕様に基づいて進められるものの、建設工事等と違って入札価格だけで決める類の性質のものではない。特に業務委託する場合には、確実に仕様に基づいた計画策

定を推進できるのか、質を伴った計画が策定できるのか、確実にスケジュールを守り、仕様内容を期待どおり全うできるのかが重要である。より質の高い計画策定のためには、入札による価格のみで決定するのではなく、想定予算のもとで企画競争によって提案内容及び計画策定体制等を審査し、確実に計画を策定できる会社・組織を選定することが望ましい。価格面での評価が必要であれば、企画競争審査基準に価格評価点を盛り込み、企画評価点との総合評価による審査の方法もある。

　企画競争の審査基準においては、各自治体における規定等がある場合もあるが、観光計画策定においては以下のような審査項目が求められる。まずは「観光計画策定の経験、実績」である。ここで重要なのは、事業者としての実績ではなく、該当業務を担当する責任者あるいは業務担当者の実績を確認することである。観光計画策定は経験のみで進められるものではないが、各地での観光計画づくりの経験値は重要である。特に観光計画を推進する上での地域の合意形成の手法や、担い手や市民から意見を集め、それを生かしていく手段、マーケティングにおける分析力などは、経験値が大きく左右する。

　次いで必要な審査項目は「業務への理解度、地域の理解度」である。その地域が観光計画を策定する意義、意味、あるいは地域の事情に基づいてなすべきことなどを理解しているかは、観光計画策定の基礎となる。また、それに基づいた「提案、アイデア」も審査基準に加えたい。具体的に観光計画を策定し、次につなげるアクションプランに対して、どんなイメージを持って取り組もうとしているのかは、企画提案段階で確認しておきたい。ただし、ここで重要なのは、企画競争の説明書あるいは仕様書において自治体が考えていることを盛り込みすぎないことである。ある程度の方向性は示しながらも、その方向性を基に、どのようなことが考えられるか、どのようなアイデアや発想があるのかを提案してもらうことによって、当該事業者の力量を測ることができる。

　そして、最後に重要な項目は、「計画策定・調査推進体制」である。

観光計画策定の業務内容は多岐にわたり、調査においても様々な業務が発生する。当該事業者自身の推進スタッフ体制も重要であるが、検討委員会の座長や外部アドバイザーの選定、あるいは担い手や市民などをどのように巻き込んでいくかといった推進体制も審査の基準に加えたい。ここで注意したいのは、外部の再委託先である。業務は受託したものの実質は外部事業者が実施するケースもまま見られる。業務内容によって業務分担をすることが効率的であればよいが、主たる業務を外部へ再委託するような体制であれば、その実態を事前に把握しておきたい。

　また、審査に当たっては、企画書による書類審査のみならず、業務実施責任者及び担当者によるプレゼンテーションを実施し、直接、業務への理解度、業務への積極性、業務対応力などを測ることが必要である。観光振興には「人」の存在が重要であるが、観光計画策定においても「人」は重要である。ここでも注意したいのは、プレゼンテーションだけ代表者が行い、実際の業務には参画しないケースもあることである。実際の業務への参画や関わり具合、またその時点での手持ち業務の実態など、その見極めは直接面談で行いたい。そして審査体制も行政内部の職員だけではなく、地域関係者や外部有識者も加えたい。

② **専門家・コンサルタントの選定方法**

　個人として専門家・コンサルタントを選定する場合も、業務委託同様に実績が最も重要である。まず、会社の実績なのか個人の実績なのかは見極めなければならない。個人のコンサルタントの場合、個々の資質が大きく結果を左右するため、個人の実力をしっかりと把握した上で依頼したい。

　観光の専門家といっても様々な得意分野がそれぞれある。オールマイティに対応できる専門家もいるが、得意分野の強弱はある。その得意分野において、地域が求める課題解決領域にふさわしいコンサルタントを招くことが重要である。観光振興分野の対象領域は幅広く、自治体の計画づくりに強い人から、インバウンド推進やプロモーション、観光施設

経営、観光サービス・おもてなし、生産性向上などに強い人まで多岐にわたる。地域が求める課題解決にふさわしい専門家・コンサルタントの選定は、観光計画策定、観光振興において極めて重要である。

③　求められる「現場型」専門家・コンサルタント

　最後に、観光専門家・コンサルタントとして求められる要素として触れておきたいのが「現場型」であるかどうかである。観光地域づくりで重要なのは、現場の魅力を感じる嗅覚であり、現場の担い手達との触れ合いの中で浮かぶアイデアであり、現場からイメージされる地域全体の方向性である。現場に何度も足を運び、ともに考えてくれるか、それを観光専門家・コンサルタントに求めることが大切である。

【参考文献】

梅川智也編著『観光学全集第 7 巻　観光計画論 1 』（原書房、2018年）

執筆者一覧

編著者

羽田耕治　横浜商科大学名誉教授
　　担当：第2章1・3、第6章、第10章1・2・3

著者

綛田はるみ　横浜商科大学商学部観光マネジメント学科教授
　　担当：第1章1、第2章2、第4章、第5章1、第8章

捧　富雄　金沢星稜大学人文学部国際文化学科教授
　　担当：第1章2

久保田美穂子　亜細亜大学経営学部ホスピタリティ・マネジメント学科准教授
　　担当：第3章

大野正人　横浜商科大学商学部観光マネジメント学科特任教授
　　担当：第5章2

千葉千枝子　淑徳大学経営学部観光経営学科学部長・教授
　　担当：第5章3、第7章5

原田昌彦　三菱UFJリサーチ＆コンサルティング株式会社
　　　　　　公共経営・地域政策部　部長兼上席主任研究員
　　担当：第5章4

竹田育広　横浜商科大学商学部観光マネジメント学科教授
　　担当：第7章1・2・4

中野文彦　公益財団法人日本交通公社観光経済研究部上席主任研究員
　　担当：第7章3

吉澤清良　公益財団法人日本交通公社観光文化情報センター長・主席研究員
　　担当：第9章

田中三文　三菱UFJリサーチ＆コンサルティング株式会社政策研究事業本部
　　　　　　上席主任研究員
　　担当：第10章4

サービス・インフォメーション

―――――――――――――――――――――――――――――― 通話無料 ――――

①商品に関するご照会・お申込みのご依頼
　　　　　　　TEL 0120(203)694／FAX 0120(302)640
②ご住所・ご名義等各種変更のご連絡
　　　　　　　TEL 0120(203)696／FAX 0120(202)974
③請求・お支払いに関するご照会・ご要望
　　　　　　　TEL 0120(203)695／FAX 0120(202)973

●フリーダイヤル（TEL）の受付時間は、土・日・祝日を除く
　9：00～17：30です。
●FAXは24時間受け付けておりますので、あわせてご利用ください。

はじめてでもわかる！
自治体職員のための観光政策立案必携

2020年3月10日　初版発行

編　著　　羽　田　耕　治
発行者　　田　中　英　弥
発行所　　第一法規株式会社
　　　　　〒107-8560　東京都港区南青山2-11-17
　　　　　ホームページ　https://www.daiichihoki.co.jp/
装　丁　　タクトシステム株式会社

自治観光政策　ISBN 978-4-474-07127-8　C0031（4）